# DE LA

# JURISPRUDENCE

# DES ARRÊTS.

DE LA

# JURISPRUDENCE

## DES ARRÊTS,

A L'USAGE DE CEUX QUI LES FONT,
ET DE CEUX QUI LES CITENT,

## PAR M. DUPIN,

DOCTEUR EN DROIT,

ET AVOCAT A LA COUR ROYALE DE PARIS.

---

(GENERALITER), non exemplis, sed legibus judicandum est. L. 13, Cod. *de Sententiis.*

(At in silentio legum, nec non) in ambiguitatibus quæ ex lege proficiscuntur (rescriptum est), rerum perpetuò similiter judicatarum auctoritatem, vim legis obtinere debere. L. 38, ff. *de Legibus.*

---

## PARIS.

BAUDOUIN FILS, IMPRIMEUR-LIBRAIRE,

RUE DE VAUGIRARD, N. 36.

Mars 1822.

# AVERTISSEMENT.

Rien de plus fréquent aujourd'hui que les allégations d'Arrêts. Les gens même qui n'ont pas d'autre science, se piquent au moins de celle-là. En province surtout, il semble que toute doctrine émane des Arrêts ; c'est à qui en citera le plus.

Je me rappelle pour mon compte, que, dans une cause plaidée devant la Cour d***, et où il s'agissait tout simplement de discuter si un testament renfermait ou non substitution, l'avocat qui m'était opposé cita de suite *quatorze Arrêts avec leurs espèces*, pour démontrer par induction, disait-il, qu'il n'y avait pas de substitution dans la clause qui seule faisait la matière de notre procès! — Un mot suffisait pour faire crouler cet échafaudage : dans chaque espèce, le testateur avait employé des formules différentes; ainsi, quelle que fût l'analogie, il ne pouvait y avoir identité : le principe qui annule les dispositions entachées de substitution faisait bien la base commune de tous les Arrêts ; mais le point de fait variait comme les expressions dont les testateurs s'étaient servis ; il n'en fallait pas davantage pour détourner l'application de ces Arrêts : *Modica enim circumstantiæ varietas totum plerumque jus immutat.*

Cette mauvaise méthode d'accumuler ainsi les citations d'Arrêts passe quelquefois des défenseurs aux Juges. J'en puis donner un exemple récent. A l'audience du 15 de ce mois (1),

----

(1) Février 1822.

M<sup>e</sup> Rigal, plaidant devant la première chambre de la Cour royale, fut réduit à lire un Jugement du Tribunal de première instance de ***, dont le dispositif contenait *cinquante-deux rôles* sur l'unique et facile question de savoir, si une rente était seigneuriale ou foncière. La défense entière avait passé dans le corps du Jugement; au lieu de cette rédaction analytique et sentencieuse, qui caractérise ordinairement les oracles de la justice, c'était une véritable dissertation, où l'on rappelait péniblement une série d'Arrêts de cassation, et dans laquelle on avait même transcrit plusieurs passages du Répertoire de Jurisprudence, etc. etc. Le Jugement, du reste, était équitable, et la confirmation, au fonds, n'était pas douteuse. Mais la Cour, ne voulant pas s'approprier tous les motifs du Jugement par une adoption pure et simple, a remis l'affaire à huitaine pour la prononciation de l'Arrêt ; et M. le premier Président, toujours attentif à ce qui intéresse la bonne administration de la justice, en a pris occasion de dire qu'on en écrirait aux Présidens du ressort, pour éviter qu'à l'avenir on n'employât, pour les Jugemens, des rédactions aussi diffuses, et par là même, aussi onéreuses aux parties.

Qu'on ne croie pas cependant que je prétende interdire les citations d'Arrêts : tel n'est pas assurément le but de ce Traité ; mais je pense qu'on ne doit les citer qu'*à propos*, *avec discernement*, *et surtout avec sobriété*.

# DE LA

# JURISPRUDENCE

# DES ARRÊTS.

## SECTION PREMIÈRE.

*Définition, Étymologie du mot Arrêt.*

Les Décisions des Cours souveraines s'appellent *Arrêts*, parce que, n'étant pas susceptibles d'être réformées sur appel par un tribunal supérieur, elles mettent ordinairement fin aux procès, et *arrétent* toutes contestations ultérieures entre les parties.

Boutilhier confirme cette étymologie : « Si sachez que d'Arrest de Parlement ne peut être appelé ; et, pour ce, l'appelle-t-on *Arrét*, que

tellement est arresté que nulz ap-
peaux n'y chéent (1). »

On lit encore dans le *Glossaire du
Droit français*, au mot *Arrét*, que :
« c'est le dernier et souverain jugement auquel il faut *se tenir et arré-
ter*, et contre lequel il n'y a pas
d'appel. »

Il ne faut pourtant pas conclure
de ces définitions que toute décision
qui termine un procès soit pour cela
ce que nous entendons par *Arrét*.

Les tribunaux inférieurs ont dans
leurs attributions des matières sur lesquelles ils statuent aussi en dernier
ressort, contre lesquelles, par conséquent, on ne peut revenir par voie
d'appel : les plus petites juridictions
jouissent de cette prérogative. Les
juges de paix ont même cet avantage
que leurs jugemens ne sont pas susceptibles de recours en cassation, si
ce n'est pour cause d'incompétence

-----

(1) *Somme rurale*, tit. **xxi**, page 93, édit.
de 1603.

ou d'excès de pouvoir; et pourtant ces jugemens, bien que rendus en dernier ressort et non sujets à être réformés, ne sont pas des *Arrêts*.

Ce nom est, comme nous l'avons dit, réservé aux *Décisions des Cours* souveraines; il leur est attribué par une sorte d'honneur.

Aussi voyons-nous que, dans l'ancien ordre de choses, il est plusieurs fois arrivé que des juges subalternes ont été repris pour avoir usurpé cette dénomination, et l'avoir ambitieusement appliquée à leurs Prononciations.

A plus forte raison en serait-il de même aujourd'hui, depuis qu'une loi précise (1) a déclaré que les *Cours* seules pourraient donner à leurs Actes d'audience le titre d'*Arrêts*.

Cette expression est d'un style bien ancien; et toutefois il ne faut pas s'y méprendre.

_______________

(1) Sénatus-consulte du 28 floréal an 12, art. 134.

Plusieurs auteurs, en rapportant de vieux jugemens, les ont appelés *Arrêts*, quoique ce nom ne leur eût jamais appartenu (1), et qu'en recourant à la source on les trouve simplement qualifiés *Jugemens* ou *Décrets*.

C'est dans le dispositif d'un Arrêt rendu en 1278 contre le Roi, en faveur du Duc d'Alençon, qu'on lit pour la première fois : *Dictum fuit per Arrestum*, etc.

On trouve dans un registre des Grands-Jours de Champagne une décision de l'an 1288 qui en relate une antérieure sous le titre d'*Arrêt*.

Le mot *Arrestum* est employé dans l'article 6 de l'ordonnance de Philippe-le-Bel, de l'année 1291. (*Ordonnances du Louvre*, t. 1, p. 320.)

Enfin l'expression française *Arrêt*, déjà employée en 1338 dans une

---

(1) Papon parle des *Arrêts* de l'Aréopage « qui estoit (dit-il), l'un des *Parlemens de Grèce* estably à Athènes pour le criminel. »

décision de la Cour du Duc de Bourgogne, *portée en langue vulgaire*, fut généralement adoptée, surtout depuis que François I<sup>er</sup>, par son Ordonnance de 1539, article 111, eut ordonné que « d'oresnavant tous *Arrêts*..... et autres actes quelconques, seraient prononcés, enregistrés et délivrés aux parties *en langage maternel français*, et non autrement. »

## SECTION II.

*Des diverses espèces d'Arrêts*

Il y avait autrefois différentes espèces d'Arrêts.

On distinguait ceux qui tenaient à l'ordre public de ceux qui ne concernaient que les intérêts des particuliers.

Parmi les premiers, les plus remarquables étaient les *Arrêts d'enregistrement* et les *Arrêts de réglement.*

Les *Arrêts d'enregistrement* des Édits, Déclarations, Lettres-Patentes, etc., étaient les plus solennels de tous. Ils associaient en quelque sorte le Parlement à l'exercice du pouvoir législatif, par la faculté (1)

---

(1) On pourrait même dire le *Droit ;* car il existe une ordonnance de Charles V, dit *le Sage* (du 19 mai 1369), qui défend au Parlement d'obéir aux *Lettres closes du Roi* qui ne seraient pas revêtues du sceau royal, ni à quelque ordre quelconque qui serait donné, *s'il jugeait que ces lettres fussent en* OPPOSITION AVEC LES LOIS DU ROYAUME. Les autres rois consacrèrent aussi la nécessité de cette *sanction parlementaire*, et le danger de son omission, en exigeant l'*enregistrement*, soit de gré, soit de force, et à travers les exils, les emprisonnemens et les confiscations. « A quelque prix que ce fût, il leur fallait un enregistrement pour valider leur loi, ou au moins un simulacre d'enregistrement. Cette opiniâtreté des rois de France à se procurer la *sanction du Parlement* avait communiqué aux Puissances étrangères l'opinion qu'aucun traité avec la France n'était solide qu'autant qu'il était revêtu de l'*approbation du Parlement*, et les Puissances y attachaient tant d'importance qu'elles ne manquaient pas de stipuler que le traité serait *approuvé et enregistré par le Parlement.* » On peut voir, à ce sujet, de curieux développemens dans l'*Histoire des Avocats*, par FOURNEL, *tome 2,* p. 200 et 325.

dont usait ce Corps de ne point enregistrer, ou de n'enregistrer qu'avec modification, ou même d'adresser des *Remontrances* au Roi , qui, *pour le plus grand bien et avantage de son royaume*(1),souffrait que ceux qui lui devaient obéissance devinssent quelquefois ses contradicteurs. *Pro œquitate servandâ , et nobis patimur contradici, cui etiam oportet obediri*(2).

----

(1) « Nos Rois qui succédèrent à saint Louis, dit Pasquier, doivent au Parlement trois et quatre fois plus qu'à tous les autres Ordres politiques. Et, toutes et quantes fois que, par opinions courtisannes, ils se désuniront des sages conseils et remontrances de ce grand Corps, autant de fois perdront-ils beaucoup du fonds et estoc ancien de leurs Majestés, étant leur fortune liée avec cette compagnie. » (*Recherches, liv.* 3, *chap.* 22. Voyez encore *le Pourparler du Prince* , page 1036.)

En effet, on ne peut, sans injustice, nier que le Parlement de Paris n'ait rendu les plus signalés services à la monarchie et aux monarques — Il résistait !... — oui ; mais *il n'y a que ce qui résiste qui soutient.*

(2) « Enfant de saint Louis (disait l'archevêque de Cambray à son élève le duc de Bourgogne), ne montrez de la confiance qu'à ceux

Les *Arrêts de réglement* étaient aussi des actes législatifs. Ils portaient ordinairement sur des points de droit coutumier, de haute police, de discipline, de procédure, de voierie, etc. Ils étaient lus et publiés dans le ressort du Parlement qui les avait rendus, et ils y avaient *force de loi,* jusqu'à ce que le monarque eût lui-même expliqué sa volonté royale par un édit, une ordonnance, etc.

Des Arrêts de cette importance, préparés avec maturité, prononcés solennellement, et soutenus du pouvoir de ces grands corps de Magistrature, du respect des Peuples et de l'acquiescement des rois, entraient dans nos mœurs et faisaient réellement partie du *Droit français.*

---

qui ont le courage de vous contredire avec respect, et qui aiment mieux votre réputation que votre faveur. » ( Lettres rapportées à la fin de la *Direction pour la Conscience d'un Roi* , p. 92.)

# SECTION III.

*Origine et fondement de la Jurisprudence des Arrêts.*

Les Arrêts même rendus entre de simples particuliers, sur des matières purement privées, n'en jouissaient pas moins d'une grande autorité. Prononcés dans le temple de la justice, on les révérait comme ses oracles, on les citait comme des lois ; et de l'habitude où l'on fut de les invoquer dans les espèces qui paraissaient semblables, naquit ce qu'on a depuis appelé la *Jurisprudence des Arrêts.*

Ce mot *Jurisprudence*, dans son acception primitive, et tel qu'il est employé dans les Lois romaines, signifie la connaissance du Droit, *prudentia Juris.*

Nous l'employons encore en ce sens. Mais, par un caprice de la langue, il est arrivé que chez nous le mot *Jurisprudence*, qui d'abord était générique et servait à nommer la science même du Droit, est devenu spécial au point de ne plus guère désigner que l'usage où l'on est dans les tribunaux, de juger telle ou telle question de telle ou telle manière. Rien de plus fréquent même que de voir opposer la *Jurisprudence* au *Droit,* comme deux choses si distinctes, si différentes, qu'on n'hésite pas à s'exprimer ainsi : « Il est de *principe en Droit* que… mais la *Jurisprudence* est contraire ( c'est-à-dire les *Arrêts* ont jugé autrement ). »

Quoi qu'il en soit des termes ( ainsi expliqués ), cette *Jurisprudence des Arrêts* est née de la nécessité où sont les tribunaux, par le titre même de leur institution, d'interpréter les lois pour les appliquer aux questions particulières qui leur sont soumises.

Car, quoiqu'en général l'interprétation de la loi n'appartienne qu'à son auteur (*l.* 1, *l.* 9, Cod. *de legibus*), cependant on conçoit aisément quelles lenteurs et quels embarras ( pour ne pas dire quels abus ) naîtraient de l'obligation imposée aux juges de recourir au Prince toutes les fois que la loi leur paraîtrait douteuse, obscure, ambiguë ou insuffisante. « Ce serait ( disait PORTALIS) *renouveler parmi nous la désastreuse législation des Rescrits.* Car, lorsque le législateur intervient pour prononcer sur des affaires nées et vivement agitées entre particuliers , il n'est pas plus à l'abri des surprises que les tribunaux. On a moins à redouter l'arbitraire réglé , timide et circonspect d'un Magistrat, qui peut être réformé et qui est soumis à l'action en forfaiture , que l'arbitraire absolu d'un pouvoir indépendant qui n'est jamais responsable....

» Il y a une science pour les Législateurs, comme il y en a une pour les Magistrats ; et l'une ne ressemble pas à l'autre. La science du Législateur consiste à trouver dans chaque matière les principes les plus favorables au bien commun : la science du Magistrat est de mettre ces principes en action , de les ramifier , de les étendre , par une application sage et raisonnée, aux hypothèses privées ; d'étudier l'esprit de la loi quand la lettre tue , et de ne pas s'exposer aux risques d'être tour à tour esclave et rebelle et de désobéir par esprit de servitude.

» Il faut que le législateur veille sur la Jurisprudence ; il peut être éclairé par elle, et il peut, de son côté, la corriger ; mais *il faut qu'il y en ait une.* Dans cette immensité d'objets divers qui composent les matières civiles , et dont le jugement, dans le plus grand nombre des cas, est moins l'application d'un texte précis que la combinaison de plusieurs *textes qui conduisent à la décision bien plus qu'ils ne la renferment,* ON NE PEUT PAS PLUS SE PASSER DE JURISPRUDENCE QUE DE LOIS. Or, c'est à la Jurisprudence que nous abandonnons les cas rares et extraordinaires qui ne sauraient entrer dans le plan d'une législation raisonnable , les détails trop variables et trop contentieux qui ne doivent point occuper le législateur, et tous les objets que l'on s'efforcerait inutilement de prévoir, ou qu'une prévoyance précipitée ne pourrait définir sans danger. » ( *Discours préliminaire du Projet du Code civil.* )

Tirons de là deux conséquences : la première, que le Juge saisi d'une contestation ne peut pas (sans se rendre coupable de déni de justice) refuser de juger sous prétexte du silence, de l'obscurité ou de l'insuffisance de la loi. (*Cod. civil, art.* 4.)

La seconde, que, pour satisfaire à cette obligation de juger, le Magistrat peut interpréter la loi ( *L.* 64, *ff. de condit. et demonst.* ), c'est-à-dire donner à ses dispositions le sens qu'il croit être le plus droit, le plus équitable, le plus conforme à l'esprit du Législateur ; et l'appliquer, dans ce sens, à la cause qui lui est soumise, sans pouvoir toutefois statuer par voie de disposition générale et réglementaire. (*Code civil, art.* 5.)

En un mot, si la loi est claire, il doit la suivre ponctuellement ; si elle est obscure, il peut aider à la lettre ; si elle est insuffisante, il doit la suppléer, et pour cela recourir à tout ce qui peut éclairer son esprit et guider sa raison (1).

Et comme, dans les doutes qui viennent assiéger notre intelligence, le moyen le plus naturel est d'appeler les lumières d'autrui à notre secours, voilà comment il est arrivé qu'à côté des lois il s'est formé un dépôt de maximes, d'usages et d'autorités qui, de l'aveu même du Législateur, est devenu le supplément de la législation. *Imperator Severus rescripsit, in ambiguitatibus quæ ex Legibus proficiscuntur, consuetudinem, aut* RERUM PERPETUÒ SIMILITER JUDICATARUM AUTORITATEM, VIM LEGIS OBTINERE DEBERE. *L. 38, ff. de Legibus.*

---

(1) *Quod legibus omissum est, non omittetur religione judicantium. L. 13, ff. de Testibus.*

C'est ce que développe avec sa profondeur ordinaire l'orateur que nous avons déjà cité.

« Nous nous sommes ( dit-il ) préservés de la dangereuse ambition de vouloir tout régler et tout prévoir. Qui pourrait penser que ce sont ceux même auxquels un Code paraît trop volumineux qui osent prescrire impérieusement au Législateur la terrible tâche de ne rien abandonner à la décision du Juge?

» Quoi que l'on fasse, les Lois positives ne sauraient jamais entièrement remplacer l'usage de la raison naturelle dans les affaires de la vie. Les besoins de la Société sont si variés, la communication des hommes est si active, leurs intérêts sont si multipliés et leurs rapports si étendus, qu'il est impossible au Législateur de pourvoir à tout.

» Dans les matières même qui fixent particulièrement son attention, il est une foule de détails qui lui échappent, ou qui sont trop contentieux et trop mobiles pour pouvoir devenir l'objet d'un texte de Loi.

» D'ailleurs, comment enchaîner l'action du temps ? Comment s'opposer au cours des événemens ou à la pente insensible des mœurs ? Comment connaître et calculer d'avance ce que l'expérience seule peut nous révéler ? La prévoyance peut-elle jamais s'étendre à des objets que la pensée ne peut atteindre ?

» Un Code, quelque complet qu'il puisse paraître, n'est pas plutôt achevé que mille questions inattendues viennent s'offrir au Magistrat : car les Lois, une fois rédigées, demeurent telles qu'elles ont été écrites. Les hommes, au contraire, ne se reposent jamais, ils agissent toujours ; et ce mouvement, qui ne s'arrête pas et dont les effets sont diversement modifiés par les circonstances, produit à chaque instant quelque combinaison nouvelle, quelque nouveau fait, quelque résultat nouveau.

» Une foule de choses sont donc

nécessairement abandonnées à l'empire de l'usage, à la discussion des hommes instruits, à l'arbitrage du Juge.

» L'office de la Loi est de fixer par de grandes vues les maximes générales du Droit, d'établir des principes féconds en conséquences, et non de descendre dans le détail des questions qui peuvent naître sur chaque matière.

» C'est au Magistrat et au Jurisconsulte, pénétrés de l'esprit général des Lois, à en diriger l'application.

» De là, chez toutes les nations policées on voit toujours se former, à côté du sanctuaire des Lois et sous la surveillance du Législateur, un *dépôt de maximes, de décisions et de doctrine* qui s'épure journellement par la pratique et par le choc des débats judiciaires, qui s'accroît sans cesse de toutes les connaissances acquises, et qui a constamment été regardé *comme le vrai supplément de la Législation...*(1).

» Il serait, sans doute, bien désirable que toutes les matières pussent être réglées par les Lois.

» Mais à défaut de texte précis sur chaque matière, un usage ancien, constant et bien établi, *une suite non interrompue de décisions semblables,* une opinion ou une maxime reçue, *tiennent lieu de loi.* »

Voilà donc l'origine de la *Jurisprudence des Arrêts* bien marquée. Elle est fondée, d'une part, sur la nécessité de décider la question proposée ; et de l'autre, sur l'opinion que ce qui a déjà été examiné plusieurs fois et décidé constamment de même par un grand nombre d'hommes réputés probes et instruits, est la vérité même, et qu'on ne peut plus s'égarer en jugeant comme eux.

_______________

(1) *Jus honorarium (ad honorem judicum sic nominatum),* VIVA VOX *est juris civilis.* L. 8. ff. *de* Just. *et jure.*

## SECTION IV.

*Quelle est l'Autorité des Arrêts. — Contro-
verse établie à ce sujet entre les Avocats
de Metz.*

Il ne faut pas croire que la *Jurisprudence des Arrêts* se soit établie
sans contradiction. On peut dire, au
contraire, qu'il n'y a peut-être jamais
eu de question plus controversée que
celle de savoir quel cas on doit faire des
*Compilations d'Arrêts*, et quelle autorité on doit accorder aux décisions
qu'elles renferment. — Cette question fut solennellement agitée le 12
juin 1763, dans une Conférence de
l'Ordre des Avocats du Parlement
de Metz. — Un de ces Avocats soutint d'abord qu'il n'y avait pas d'autorité plus forte que celle des Arrêtistes, et qu'un point de Droit jugé
par un Arrêt ne devait plus être remis en question. — Un second Avocat chercha, au contraire, à établir
que les Arrêtistes sont des guides

peu sûrs, et que le Jurisconsulte doit se déterminer par les principes et par les lois, beaucoup plus que par les préjugés et les exemples. — Enfin, un troisième Avocat, après avoir balancé les raisons des deux antagonistes, ouvrit un avis de conciliation, qui fut adopté à l'unanimité des suffrages.

Cette controverse (qui se trouve dans le *Journal de Bouillon*, septembre 1763, *pag.* 141) est assez curieuse pour que le lecteur nous sache gré de l'analyser ici.

Raisons pour l'affirmative. Une question de droit qui ne diffère pas sensiblement d'une autre déjà terminée par un Arrêt ne doit plus être soumise à la discussion : la raison exige qu'on s'en tienne au préjugé. Tout nous fait un devoir d'acquiescer aux Jugemens émanés d'un Tribunal suprême : ce serait une témérité inexcusable et dangereuse de vouloir s'y soustraire. En vain affecterait-on le plus grand respect pour les Décisions des Cours souveraines, lorsqu'on leur opposerait les opinions particulières : on déguiserait mal une présomption que rien ne peut justifier. Quelque idée qu'on ait des lumières, de la sagacité d'un Jurisconsulte, balancera-t-il l'autorité d'un Tribunal entier ? Le prétendre, ne serait-ce pas dégrader ce Tribunal, en faisant perdre aux Magistrats qui le composent la confiance des Citoyens, sans laquelle l'ordre public ne saurait se maintenir ? Quels soupçons odieux répandus, quoique indirectement, sur leur intégrité, leur bonne foi, leur application ! A quoi se réduit la dignité de leur ministère, si une seule voix peut jeter l'épouvante dans les esprits, et donner à penser un seul instant qu'il n'y a rien que d'incertain et d'arbitraire dans les Jugemens les plus solennels ?

Le premier différend qui survint dans une société naissante fut soumis à la décision d'un sage. L'équité du Jugement dut faire une impression assez forte pour qu'il fût rappelé et suivi dans toutes les contestations de même nature. Pourquoi ce sage fut-il consulté ? Sans doute on distinguait en lui une probité et des lumières peu communes ; et la multitude apprécia son jugement, guidée par ce sentiment intime du vrai et du juste, qui discerne sans peine tout ce qui est conforme à la vérité et à la justice.

Ici se présentent quelques réflexions avantageuses à ce premier système. La multitude reconnaissait dans l'arbitre choisi assez de sagacité et de droiture pour faire une application convenable des principes d'équité dont elle n'avait que des notions vagues et confuses. Elle attribuait cette supériorité à l'habitude d'une réflexion profonde par laquelle l'esprit exercé à saisir, dans les justes proportions, tous les rapports sociaux, assigne à chaque individu ses droits, toujours assujettis et liés aux grands principes de la justice et à l'intérêt général de la société. Elle ne pouvait se dissimuler que les travaux auxquels elle était obligée la rendaient incapable de pareilles spéculations ; la raison et l'expérience lui démontraient la nécessité d'une entière soumission à des Jugemens dont tout lui garantissait la sagesse et l'impartialité. Tels sont, dans toutes les sociétés, les fondemens du respect et de la confiance qu'on a pour les Tribunaux souverains. Sans ce double sentiment, qui est la vie du corps politique, le malfaiteur bravera les Décisions des Magistrats, le Citoyen honnête ne pourra se flatter d'obtenir d'eux une protection efficace.

Les premiers Codes furent sans doute simples, courts et précis. Proportionnés aux mœurs et aux besoins des particuliers, aux plans bornés de l'administration publique, ils facilitaient aux Juges les moyens de bien se pénétrer de l'esprit de la Loi. Mais avec la population, les richesses et les prétentions des États, le nombre des Lois s'accrut, ce qui les rendit nécessairement plus compliquées. Tite-Live dit que chez les Romains le Droit devint un véritable abîme de Lois confondues les unes avec les autres : *In immenso aliarum super alias acervatarum Legum cumulo fons omnis publici privatique erat Juris.* ( Lib. 3, n° 34. )

Ces fiers conquérans, jaloux d'une domination absolue et sans bornes, donnèrent ces lois compliquées aux nations vaincues. Les Barbares, dans la suite, en envahissant les provinces de l'Empire, dédaignèrent d'adopter la Législation d'un peuple qui leur était odieux. Voulant eux-mêmes jouir du privilége des vainqueurs, ils travaillèrent à faire régner leurs propres Lois avec eux. De là ce chaos immense de tant de coutumes disparates qui mettent à une si rude épreuve la sagacité des Jurisconsultes, source intarissable d'inconvéniens auxquels n'a pu remédier entièrement la sagesse qui caractérise les

Ordonnances de nos Rois. Un auteur justement célèbre a dit à ce sujet : « Un corps de Lois parfaites serait le chef-d'œuvre de l'esprit humain.... Des Ordonnances claires et précises ne donneraient jamais lieu au litige; elles consisteraient dans un choix exquis de tout ce que les Lois civiles ont de meilleur, et dans une application ingénieuse et simple aux usages de la Nation... Mais, ajoute-t-il, ces choses parfaites ne sont pas du ressort de l'humanité. » ( *Dissertation sur les raisons d'abroger les Lois*, par l'Auteur des Mémoires de Brandebourg. )

La Loi n'ayant pu prévoir toutes les modifications dont les différens cas sont susceptibles, il y a souvent, dans les diverses applications qu'on doit en faire, une incertitude dont l'homme de mauvaise foi profite d'autant plus hardiment que le vrai Jurisconsulte marche alors, par délicatesse, avec plus de circonspection et de réserve. Une collection de dé-

cisions particulières peut en imposer
à l'un et raffermir l'autre dans sa
marche, en multipliant sur ses pas
les ressources et les points d'appui.

Nos Monarques rendaient eux-
mêmes autrefois la justice au peuple,
entourés des grands de la nation et des
Citoyens les plus versés dans la connaissance des Lois et du Droit public. Par la convocation de ces augustes Assemblées, ils ne voulaient pas
se donner simplement un appareil
de grandeur dont ils n'avaient pas
besoin : ils cherchaient à réunir plus
de lumières autour du trône ; ils
voulaient exercer plus sûrement la
première des fonctions de la Souverai-
neté, dont ils connaissaient trop bien
l'importance pour ne pas redouter
la moindre erreur, toujours dangereuse dans l'administration de la justice. Ces Assemblées, célèbres dans
notre Histoire, ont changé de forme
et non pas de nature. Nos Rois, depuis long-temps forcés de se livrer
entièrement aux autres parties du

Gouvernement, en confiant l'exercice de la juridiction à un Ordre de
citoyens dont les vertus et les lumières
font le caractère distinctif, lui ont
remis cette portion plénière de leur
autorité, qui assure et maintient
l'exécution des Lois. C'est entre leurs
mains que réside une partie du pouvoir législatif : c'est aux Tribunaux
formés par cet ordre que les peuples
doivent soumettre et leurs prétentions
et leurs lumières.

Tels furent les Parlemens de France
dès les premières époques de la monarchie. En les rendant sédentaires,
Philippe-le-Bel n'a point altéré leur
constitution ; dans tous les temps ils
ont eu le même ministère, les mêmes
devoirs et les mêmes droits. La première fonction de ces augustes Tribunaux est de donner aux Lois, par
l'enregistrement, la sanction nécessaire. A ce motif, sans doute bien
suffisant, d'étudier l'esprit d'une
Ordonnance nouvelle, d'en connaître
exactement l'intention et le but, de

se préparer à en rendre l'exécution sûre et générale, et à en faire partout une application juste et sage, se joint un autre motif plus puissant peut-être, et capable d'intéresser toute la délicatesse des Magistrats à l'examen le plus réfléchi ; c'est cette brillante prérogative d'éclairer le Législateur lui-même sur les inconvéniens qu'ils peuvent apercevoir dans les Lois qu'il promulgue. Les Magistrats connaî-traient-ils assez peu le prix d'une si noble fonction pour laisser au temps et au public le soin de découvrir ces inconvéniens ? Voudraient-ils d'une autre part se décréditer auprès du Souverain, en lui communiquant des craintes imaginaires, qu'on pardonne à peine à l'ignorance et à la pusilla-nimité ? Quels soins et quels efforts pour bien saisir l'objet de toutes les Ordonnances, et ne pas s'exposer à perdre, par une démarche précipitée ou une négligence coupable, la con-fiance du Monarque et de la Nation ? Mais combien ces soins et ces efforts perfectionnent le discernement, développent la sagacité, donnent aux idées de la grandeur et de l'exactitude! Combien cet exercice est propre à former ce coup-d'œil supérieur, aussi vaste que prompt et juste, qui saisit dans un instant et compare tous les rapports!

D'ailleurs, ce ne sont point ici des hommes isolés que toute leur pénétration ne garantit pas de l'habitude dangereuse de considérer toujours le même objet sous un même point de vue. Ce sont des hommes choisis, soutenus dans leurs travaux par la dignité du plus noble ministère. Moins jaloux d'une réputation personnelle que de la gloire d'un Corps placé entre le Souverain et le peuple, ils mettent en commun, pour les unir par des liens plus puissans, toutes leurs lumières, leurs idées, leurs sentimens, enfin tous les produits d'une longue expérience.... Quels trésors pour la Jurisprudence! Qui ne serait flatté de pouvoir y participer ? Hé bien ! ces trésors sont déposés dans les *Arrêts* suprêmes qui émanent de ces Tribunaux augustes ? On peut facilement s'y enrichir, et l'on hésiterait à le faire !

Quel Jurisconsulte oserait espérer de trouver dans lui-même plus de lumières ? En vain voudrait-on se prévaloir de quelques différences dans les faits nouveaux, si le fond de la cause se rapporte à une autre déjà terminée par un *Arrêt*. Il est bien plus sûr de s'en tenir au préjugé, de respecter les grands motifs qui ont déterminé le jugement. L'esprit d'équité qui a déjà prononcé sur un cas doit être consulté sur celui qui se présente. Sans cela, plus de conformité dans les interprétations ; chacun produisant ses opinions avec trop de confiance, on ouvrira un vaste champ aux conjectures, on s'égarera avec une malheureuse sécurité, on répandra peu à peu de l'incertitude dans les principes mêmes, et on multipliera les routes qui éloignent du vrai. D'ailleurs est-il bien facile de résister à la prévention qu'inspire un client? On se pénètre de ses intérêts, on adopte insensiblement toutes ses passions, on finit par ne plus voir que conformément à ses désirs.

Le Juge, élevé au-dessus de ces faiblesses, ayant sans cesse la Loi devant les yeux, apprend et s'accoutume à devenir incorruptible comme elle. Son cœur, dégagé de tout intérêt particulier, laisse à son esprit la liberté de saisir l'ensemble de la discussion, de comparer les divers moyens, de les rapprocher des principes, et de les apprécier à leur juste valeur. Son *Arrêt*, toujours bien fondé, toujours sagement motivé, acquiert la consistance et l'autorité d'une loi. D'ailleurs, de quelle importance n'est-il pas de fixer la Jurisprudence? Laissons à chaque particulier le droit d'interpréter les lois au gré de ses caprices; quelle source intarissable de désordres! que de vives alarmes pour tous les membres du corps social! Le seul moyen de prévenir tant de malheurs est de respecter l'*autorité des Arréts*; que ce soit là notre point de ralliement, ne le perdons jamais de vue.

On objectera peut-être, pour justifier un excès de liberté, que les *Arréts* n'ont pas prévu tous les cas : *Non possunt omnes articuli singillatìm, aut legibus, aut senatus-consultis, comprehendi* ( *L.* 12, *D. de legibus* ). Mais la loi elle-même les a-t-elle tous prévus ? et prendra-t-on de là un prétexte de méconnaître son autorité ? Ce qui ne peut être un vice dans la loi, pourquoi le reprocher aux *Arréts ?* Non, on ne saurait trop le dire, ne nous éloignons pas de leur esprit, quand il y a une parité de raison : *Sed, cùm in aliquá causá sententia eorum manifesta est, is qui jurisdictioni præest, ad similia procedere, atque ità jus dicere debet.* ( *Ibid.* )

Enfin, si la loi veut que nous appliquions l'esprit des sénatus-consultes même à des cas qui ne sont pas pleinement conformes aux points prévus, croira-t-on pouvoir s'éloigner du préjugé, quand la parité est incontestable ?

**Raisons pour la négative.** Quel est le but de l'Avocat ? En quoi consiste la noblesse de son ministère ? Tous ses efforts tendent à découvrir une vérité ou de fait ou de droit, dont la démonstration servira de base au jugement sollicité. C'est au magistrat, organe de la Loi, et qui en possède l'esprit, à en faire une application juste et dans les proportions convenables ; mais il ne peut, il ne doit pas descendre jusqu'aux détails ; il s'exposerait trop à adopter des préventions bien plus à craindre dans le Juge que dans le simple jurisconsulte ; c'est à celui-ci à présenter au tribunal les motifs qui doivent déterminer un jugement équitable. Mais cette vérité, dont la connaissance est l'objet de toutes les discussions juridiques, se trouve obscurcie par les nuages que les passions sont intéressées à accumuler autour d'elle ; il faut donc combattre et démasquer ces passions. Dans cette espèce de lutte, on risque de manquer la véritable route. Pour éviter tout écart, nous n'avons qu'un point d'appui, dont la solidité soit à toute épreuve, ce sont les principes généraux réduits en maximes particulières. C'est dans cette rédaction que sont contenues les Lois ; c'est donc sur nos Lois mêmes que l'Avocat doit régler toutes ses déterminations. On nous vante les *Arrétistes* comme les seuls dépositaires du véritable esprit des Lois ; mais, qui nous garantira une fidélité scrupuleuse dans ces compilateurs ? S'il est difficile à un Avocat de ne point partager les préventions de son client, contre lesquelles il n'ignore pas qu'il doit se tenir en garde, que n'a-t-il pas à craindre d'un oubli de l'*arrétiste*, de la plus légère altération dans les circonstances, d'une réflexion hasardée ? Et ici une déférence aveugle peut avoir des suites d'autant plus funestes, que rien n'inquiète ; on va plein de sécurité au devant de l'erreur présentée avec les attributs apparens de la vérité.

Outre ce premier inconvénient, qui n'est certainement pas chimérique, n'a-t-on pas à craindre quelquefois l'erreur des Juges ? Quelque habileté, quelque intégrité qu'ils aient en partage, ils sont hommes ; et l'erreur est l'apanage de l'humanité : *Humanum est errare*. Qu'ils fassent sur eux-mêmes les plus grands efforts, peuvent-ils si bien défendre leur cœur, que quelque sentiment louable et légitime dans l'homme privé ne fasse un peu pencher la balance ? Qu'il est difficile d'être toujours et parfaitement impassible ! Ne nous faisons point illusion : l'enthousiasme pour le juste et le vrai n'a-t-il pas ses dangers ? Calculez en même temps tous les effets possibles de la logique séduisante d'un Avocat, de son éloquence, de sa célébrité ; rappelez-vous combien est puissant le charme secret qui fait incliner les cœurs et les esprits pour des familles ou respectables ou malheureuses : que de causes d'erreurs involontaires et bien excusables ! Loin de nous de prétendre porter ici aucune atteinte aux droits que les Cours souveraines ont sur notre profond respect ! les faits justifient notre raisonnement ; souvent un tribunal a réformé les décisions d'un autre tribunal, et l'on n'a entendu aucune plainte de celui qui voyait réformer ses *Arréts*.

A quoi réduirait-on les fonctions du Jurisconsulte, condamné à se traîner servilement sur les pas des *Arrétistes?* Il n'osera se permettre de penser sans leur aveu ; il faudra qu'il étouffe ses propres idées, quelque heureuses qu'elles soient ; il ne fera plus que citer froidement les *Arréts*. Dégradé par cette triste et lâche habitude, quand des circonstances inconnues se présenteront, aura-t-il le courage, aura-t-il la force de prendre un libre essor?

Ayons pour les Lois une déférence absolue ; réservons pour elles seules notre soumission. Elles sont justes, sans doute ; mais ce caractère sacré n'appartient pas toujours aux conséquences que les Juges en ont tirées. Leurs *Arrêts* peuvent avoir le même effet que les Lois, mais ils ne peuvent en avoir l'autorité. L'expression des Lois est générale, celle des *Arrêts* est particulière et personnelle. Le sort qu'ils assignent à quelques individus ne peut servir de règle pour l'universalité des citoyens. On voit bien qu'il ne s'agit point ici des Arrêts de réglement, auxquels personne ne peut se soustraire.

Il faut sans doute de l'uniformité dans les Jugemens ; mais cette uniformité est celle d'un esprit de sagesse et d'équité qui fait toujours à propos l'application des principes. Au lieu de chercher une règle dans un

*Arrêt*, élevons-nous directement, avec une noble confiance, jusqu'à la Loi elle-même; ne mettons rien entre elle et le Juge : il en sera plus à l'abri d'une erreur. Quand nous avons besoin de la lumière et de la chaleur du soleil, nous contentons-nous des corps qui réfléchissent ses rayons? S'astreindre à cette marche servile, c'est s'engager à ne pas revenir d'une erreur, quand même on ne pourrait se la dissimuler.

On est certainement bien moins en danger de s'égarer quand on juge une question comme si elle était nouvelle. On y porte plus de soin, plus d'attention. L'espérance de trouver des ressources dans les *arrétistes* nourrit l'indolence, arrête ces nobles efforts de la raison, ces heureux élans du génie auxquels la justice est redevable de ses triomphes les plus brillans. D'ailleurs, est-il beaucoup de questions parfaitement semblables? Et comment peut-on faire intervenir sans crainte dans une affaire les motifs sur lesquels on en a jugé une autre ? Dumoulin n'a-t-il pas dit ( *tom.* 1, *p.* 755, *n°* 164 ), et avec raison, que la moindre différence dans le fait opère une très-grande différence dans le droit ? *Modica enim circumstantia facti inducit magnam juris diversitatem.* C'est d'après cette disparité ordinaire dans les espèces, qu'on a fait valoir cette idée, que *la Loi n'a pas prévu tous les cas possibles.* Mais par-là même que ces cas sont prodigieusement multipliés, ils ne peuvent être décidés par les mêmes *Arrêts.* Cependant l'Avocat, persuadé de la justice de sa cause, ne saisit pas aisément les différences. De fausses ressemblances le séduisent, lui cachent les vrais motifs de la décision. L'*arrétiste* lui-même a-t-il pu se flatter de les bien connaître, puisque souvent l'Avocat qui a plaidé dans la cause les a ignorés ? Le Barreau n'a pas perdu de vue ce qui arriva à M. Manory. Cet Avocat de la capitale, chargé d'attaquer une donation faite par la marquise de Montgommery, eut gain de cause : il s'applaudissait de ses moyens ; mais il reconnut que le seul qu'il n'avait point employé, le défaut de l'insinuation de la donation, était le grand motif annoncé dans l'expédition de l'*Arrêt*. (*OEuvres de* Manory, *t.* 1, *p.* 131 *à* 189.)

Les oracles de la justice n'expliquant point les causes de leurs dispositions (1), les *Arrêts* offrent aux prétentions les plus opposées des titres que la prévention fait toujours valoir. Souvent des préjugés contraires fournissent des armes pour et contre dans la même affaire ; espèce de contradiction qui ne surprendra point, si on considère que, par la différence des circonstances, deux *Arrêts* qui ont des dispositions conformes peuvent avoir des motifs différens, tandis que deux *Arrêts* différens peuvent être fondés sur le même principe. Aussi les *arrêtistes* eux-mêmes, et les plus

_______________

(1) Voyez ci-après, page 62 et suivantes.

célèbres docteurs, nous avertissent-ils qu'on doit préférer « la raison et l'autorité des Lois à celle des *Arrêts*... La disposition des Lois étant claire et générale, il faut religieusement s'y arrêter, sans avoir égard à des *Arrêts* qui peuvent avoir été rendus sur des circonstances particulières que les auteurs qui les rapportent ont ignorées. » (*Jour. du Pal. t.* 2, *p.* 56, *c.* 2.)

La règle de conduite la plus sûre pour ne jamais se tromper en jugeant les hommes, c'est qu'il faut se décider par les lois, et non par les exemples : *Cùm non exemplis, sed legibus judicandum sit.* (*L.* 13, *C. de sent. int.*)

Le vrai Magistrat ne s'asservit point à suivre scrupuleusement les traces de ses prédécesseurs ; il est persuadé qu'il doit à la justice un service personnel, et que les travaux des autres ne l'autorisent pas à vivre dans l'inaction. Son devoir est de juger par équité et non par comparaison. Il verra dans l'uniformité soutenue d'une suite d'*Arrêts*, non un aveugle instinct d'imitation, mais une conformité de conséquences déduites rigoureusement des mêmes principes. Combien ne s'égarerait-il pas en jugeant par comparaison d'*Arrêt* à *Arrêt* ! En procédant de l'un à l'autre, il pourrait, par des nuances insensibles, se trouver à la fin bien plus éloigné du vrai qu'il ne l'aurait soupçonné. Ainsi, dans les démonstrations géométriques, après une longue suite de propositions, on ne peut plus comparer les extrêmes.

Si les Lois étaient perdues, peut-être serait-il possible d'en retrouver l'esprit dans les *Arrêts* ; mais elles subsistent et offrent toujours aux Juges les mêmes moyens d'en faire de justes applications. Leur proposer ce qui a été décidé par d'autres comme le modèle de ce qu'ils doivent décider eux-mêmes, c'est les réduire à un personnage bien médiocre. Pour relever l'autorité de l'exemple, n'ôtons point à la raison ses droits ni sa force. Un Avocat peut sans doute se prévaloir des préjugés ; mais qu'il ne réduise pas ses ressources aux avantages qu'ils lui présentent. La Loi elle-même doit fixer la détermination du Jurisconsulte ; qu'il redoute d'appliquer à son ministère cet adage qui entraînerait à des abus : La voie des préceptes est longue, celle des exemples est courte ; *longum iter per præcepta, breve per exempla.* En effet, il suffit qu'une voie soit plus sûre pour qu'elle ne doive paraître jamais trop longue.

AVIS DE CONCILIATION. La Jurisprudence des *Arrêts* a autant de force qu'une Loi précise ; on ne la trouve que chez les Arrêtistes ; il est donc de la plus grande importance pour un Avocat de faire une étude réfléchie de leurs compilations. Sans cette précaution vraiment essentielle , la connaissance des Lois ne suffirait pas dans bien des circonstances. Quelle présomption n'y aurait-il pas à ne compter presque pour rien les idées des magistrats supérieurs , à dédaigner, pour ainsi dire, de partager le fruit de leurs travaux, de profiter de leur expérience, qui est d'autant plus sûre que leur position est plus avantageuse pour démêler le vrai d'avec le faux ?

Mais évitons soigneusement tous les extrêmes. Tout *Arrêt* ( ceux de *réglement* exceptés ) n'offre que la décision d'un cas singulier, distingué de tout autre par quelque particularité. Or, on ne peut argumenter du particulier au général ; par conséquent, on ne doit point ériger en principe absolu, applicable à toutes les hypothèses, la décision intervenue sur une hypothèse particulière. Ainsi le Jurisconsulte fera bien de ne jamais chercher hors de la Loi de prétendues maximes générales, uniquement fondées sur des préjugés peut-être mal interprétés ou mal entendus. « Ce n'est pas de la règle que vient le droit, c'est, au contraire, du droit que la règle tient son origine et sa force. » *Non ut ex regulâ jus su-*

*matur, sed ex jure quod est , regula fiat. (L. 2 , D. de reg. juris.)*

Si on est exposé à faire une mauvaise application des règles générales prescrites par la Loi , quel danger n'y a-t-il pas à vouloir en créer soi-même ? On ne doit donc jamais perdre de vue cette réflexion : *Pour peu qu'il se trouve de différence dans les faits, la règle alors demeure inutile, et ne peut plus être d'aucun usage pour la décision de la cause.* (D'Antoine , *Règles du Droit civil*, p. 586.)

C'est sans doute une faiblesse indigne du vrai Jurisconsulte de ne voir, ne penser, n'oser prendre une détermination que d'après les *arrétistes*. Mais aussi il y aurait bien de la témérité à dédaigner tous les secours qu'ils nous présentent pour des questions si difficiles , que les Lois mêmes semblent avoir cédé au Juge le droit de les résoudre. La connaissance profonde des maximes reçues dans la Jurisprudence ne fournit pas à l'Avocat tous les moyens de remplir digne-

ment son ministère. Il faut avoir réfléchi long-temps sur l'usage et l'abus
qu'on peut faire de ces maximes, pour
distinguer les cas absolument décidés
de ceux qui forment les exceptions.
Il n'appartient qu'à une justesse ex-
quise de l'esprit de bien saisir ces
nuances , qui échappent aisément à
ceux qui n'ont pas su contracter l'heu-
reuse habitude de réfléchir. Il faut
ici savoir bien se garantir des illu-
sions de l'amour-propre, quelque sagacité qu'on ait reçue de la nature.
L'usage seul, et un grand usage, donne
ce jugement fin et sûr qui fait l'application des principes dans les plus
justes proportions. On ne peut calculer tous les cas singuliers. Les *arrétistes* en présentent beaucoup. Il
ne suffit pas de les voir , il faut les
méditer.

Les recueils d'*Arréts* peuvent donc
fournir au Jurisconsulte des ressources précieuses. Mais ils n'ont pas tous
un mérite égal ; les plus utiles, sans
contredit , sont ceux qui détaillent

exactement les espèces et les moyens des parties. L'Avocat peut y puiser de grandes lumières, et concevoir, en les méditant, de nouvelles idées. Cependant il doit mesurer sa confiance sur le degré de savoir et de discernement dont l'*arrétiste* fait preuve par le choix des *Arréts* et la manière de les rapporter.

Il est rare de trouver chez deux compilateurs le même *Arrét* cité sans quelque différence notable. L'un relève ce que l'autre néglige, et ils donnent ordinairement les *Arréts* comme ayant jugé des questions générales indépendantes de toute particularité, ce qui n'est presque jamais véritable. Le grand art du Jurisconsulte est de se tenir bien sur ses gardes avec eux ; *il faut avoir appris à les estimer ce qu'ils valent.*

Les Lois sont justes, a dit l'ennemi des *Arréts* et des *arrétistes*, parce qu'indépendamment de l'autorité souveraine dans celui qui les publie, elles ont pour fondement la vérité. Mais ne pourrait-on pas attribuer le même caractère aux *Arréts*, puisque la chose souverainement jugée est censée la vérité même? *Res judicata pro veritate accipitur.* (*L.* 207, *D. de reg. juris.*) Cependant la soumission due aux *Arréts*, a d'autres fondemens que cette présomption légale. L'opinion des particuliers doit céder autant aux lumières supérieures, à l'équité des Tribunaux souverains, qu'à l'autorité suprême dont ils sont dépositaires. Une pareille déférence n'a rien de pénible pour l'amour-propre.

Tout *Arrét* est, en quelque manière, aussi respectable que la Loi; cependant ils diffèrent l'un de l'autre par leur objet. La Loi établit une règle générale, abstraction faite de toutes les circonstances. Un *Arrét*, qui ne détermine le droit que d'après le fait, ne règle que les intérêts de ceux entre lesquels il prononce; dès que les Cours ne statuent rien par forme de réglement, elles annoncent simplement qu'elles ont jugé une discussion particulière soumise à leur autorité et à leurs lumières.

On s'était flatté autrefois, en généralisant les décisions de certains *Arrêts notables*, de faire cesser toute variété et toute incertitude dans l'administration de la Justice. C'était le but des *Arrêts* prononcés *en robe rouge*. On sentit bientôt combien il était dangereux d'ériger une décision juste pour une espèce, en une règle générale et commune à toutes les autres. Les Cours furent obligées de reprendre la liberté nécessaire de juger différemment les mêmes points de Droit, selon la diversité des circonstances.

Elles ne les décident donc plus uniformément que par les *Réglemens généraux*, annoncés avec le caractère et l'autorité des Lois, d'après la permission du Souverain qui leur assure ce caractère : *Non ambigitur Senatum jus facere posse.* (*L.* 9, *D.*

*de Legibus*.) Mais, puisque dans ce cas elles font connaître leur intention, on ne doit point attribuer *à tout Arrêt l'autorité d'un Réglement.*

Ces réflexions n'offrent rien sans doute qui tende à affaiblir le profond respect dû aux Tribunaux suprêmes. On ne peut se permettre de penser qu'un *Arrêt* n'est pas d'une justice exacte. Les jurisconsultes, quand ils ont adopté une opinion, doivent se tenir en garde contre l'obstination, d'autant plus prochaine et dangereuse qu'elle se déguise plus facilement par des dehors séduisans. On est assuré de la pureté de son zèle, de la droiture de ses intentions, et cette confiance légitime en de si nobles motifs nous aveugle souvent sur la faiblesse de nos lumières, sur les écarts de l'esprit, et sur l'erreur d'un premier jugement. Si la décision d'un Tribunal contredit notre opinion, ne couronne pas nos efforts et nos moyens, quand même nous en ignorerions les motifs, il est de notre devoir d'en supposer de bien solides, qui n'ont pas pu échapper à des vues supérieures. Un Avocat peut céder sans honte à une Cour souveraine. Mais ce respect indispensable ne va pas jusqu'à étendre l'autorité d'un *Arrêt* au-delà de l'intention qu'avaient les magistrats eux-mêmes qui l'ont prononcé. Cette sorte de déférence serait plutôt une censure indirecte des Cours souveraines qu'un hommage rendu à leur sagesse et à leur équité, surtout si l'on osait se prévaloir des *Arrêts* pour éluder des principes incontestables. Un pareil abus (on ne doit pas craindre de le dire) ferait justement soupçonner la droiture du Jurisconsulte, et annoncerait, au lieu d'un généreux défenseur de la vérité et de la justice, un sophiste dangereux qui se déshonore par un lâche trafic de ses talens, et immole à son ambition criminelle cette même justice à laquelle il s'est irrévocablement consacré par les sermens les plus solennels.

Il existe un proverbe qu'on suppose accrédité par un grand Magistrat (le premier président de Thou), et auquel les esprits faux, ou légers, ou caustiques, ont donné une tournure triviale et une interprétation qui ne tend à rien moins qu'à affaiblir l'opinion qu'on doit avoir des ministres des Lois : *Les Arréts*, dit-on communément, *sont bons pour ceux qui les obtiennent.* On voudrait faire entendre qu'il n'y a que de l'arbitraire dans l'administration de la justice. Mais quand on y réfléchit bien, l'homme grave et judicieux peut découvrir dans ce peu de mots des idées fort importantes et bien saines. Il sentira qu'une exacte et profonde connaissance des principes ne suffit pas aux vrais Magistrats, qu'il leur faut encore un discernement exquis pour apprécier toutes les circonstances, et faire, aux détails comme à l'ensemble, une juste application de l'esprit de la Loi ; il conclura sans peine qu'une décision très-équitable dans une cause n'aurait pas ce caractère dans une autre toute semblable en apparence, mais dont les particularités, imperceptibles pour le grand nombre, détermineraient cependant, de la part des Magistrats qui les approfondiraient, une décision toute différente.

Ce n'est pas que nous prétendions interdire à l'Avocat les avantages qu'il peut tirer des Arrêts favorables à sa cause : qu'il les fasse valoir, mais comme de simples préjugés qui disposent les esprits à sentir mieux la force et la solidité de ses moyens. Pour le faire avec succès et sans compromettre la dignité de son ministère, qu'il prouve clairement que ces préjugés et les rapports qui les lient à la question qu'il défend, bien loin d'altérer les principes, y ramènent, au contraire, par un enchaînement sûr et simple ; mais il ne doit jamais attribuer sans restrictions, aux Arrêts cités comme préjugés, toute la force et l'autorité des démonstrations qui résultent des faits et des circonstances propres à chaque cause. Un pareil abus serait très-dangereux, l'Avocat serait responsable de l'illusion qu'il aurait pu produire ; et ce qu'il regarderait comme un triomphe honorable ne serait qu'un délit dans l'ordre de la justice.

Les lois même justifient cette façon de penser sur l'autorité des Arrêts. On en trouve plusieurs qui répètent à l'envi la maxime si connue : « Les choses jugées ne sont utiles ni nuisibles à ceux qui n'ont pas été parties dans la contestation. » *Res inter alios judicatæ, neque emolumentum afferre, his qui judicio non interfuerunt, neque præjudicium, solent irrogare.* (*L.* 2, *C. quibus res judic. et toto tit. eod.*) Mais si cette maxime est d'usage lorsqu'il s'agit individuellement du même objet, à plus forte raison l'est-elle lorsque le sujet de la discussion est différent, et qu'on se fonde seulement sur une prétendue ressemblance entre une affaire jugée et celle qui doit l'être. Aussi la loi nous dit-elle que personne ne doit souffrir ni profiter de ce qui s'est fait dans une affaire du même genre, *in simili negotio.* (*L.* 4, *eod.*)

Ce ne sont jamais quelques Arrêts particuliers qu'il faut suivre ; la Jurisprudence constante et fixée par des Arrêts tous semblables, établit seule des règles générales. Elle seule peut interdire la discussion des problèmes déjà résolus. Un Empereur philosophe l'a dit : Ce n'est qu'à une suite non interrompue de décisions conformes qu'il faut attribuer l'autorité de la Loi : *Imperator noster Severus rescripsit..... rerum perpetuò similiter judicatarum autoritatem, vim legis obtinere.* (*L.* 38, *D. de leg.*) Il faut pouvoir opposer à tous les doutes, l'uniformité soutenue des Arrêts qui de tout temps (*perpetuò*) ont jugé sans variation (*similiter*) le même point de droit, malgré les particularités qui différencient les espèces. C'est cette jurisprudence qui seule a par elle-même force de loi, *vim legis obtinet*. Le Juge et le Jurisconsulte éclairés savent bien distinguer des Arrêts, lors même que les espèces offrent assez de parité pour établir des préjugés dont on peut tirer avantage : ils ne se dissimulent pas que le préjugé n'est qu'un exemple et non pas une raison. « Qu'aucun Juge, *a dit Justinien*, qu'aucun Arbitre n'imagine devoir se conformer dans ses décisions à des jugemens isolés qui n'ont pas acquis une autorité suffisante ; qu'il ne croie pas non plus pouvoir adopter les sentences des Préfets et des autres Juges les plus éminens en dignité : il courrait le hasard de commettre des injustices, telles que ces Magistrats en ont pu commettre eux-mêmes. Qu'il ne se détermine donc jamais d'*après des exemples*, mais qu'il juge toujours d'*après la Loi*.... Tous les Juges, en un mot, ne doivent prononcer leurs décisions que d'après ce qui est vrai, ce qui est juste, ce qui est réglé par les Lois vivantes. » *Nemo Judex vel Arbiter existimet, neque consultationes quas non ritè judicatas esse putaverit sequendum, et multò magis sententias eminentissimorum Præfectorum, vel aliorum Procerum, (non enim, si quid non benè dirimatur, hoc et in aliorum judicum vitium extendi oportet,* CUM NON EXEMPLIS, SED LEGIBUS JUDICANDUM SIT.)*... Sed omnes Judices nostros veritatem et legum et justitiæ sequi vestigia sancimus.* (*L.* 13, *C. de sent. et interl.*)

Cependant, malgré toutes ces réflexions, appuyées de tant d'autorités, quelques esprits peuvent conserver des scrupules estimables, sans doute, mais qu'ils doivent bannir en se rappelant les changemens survenus dans une quantité d'articles qui semblaient avoir acquis toute la consistance d'une Jurisprudence invariable. Le temps perfectionne les idées des hommes, parce qu'il amène des circonstances nouvelles qui présentent un même objet sous des aspects différens. C'est une imprudence, une témérité dangereuse d'innover sans de puissans motifs; mais ce serait aussi une pusillanimité bien nuisible aux progrès des lumières, de vouer à l'usage une soumission aveugle et servile, de redouter une prudente réforme, lorsque les inconvéniens en démontrent la nécessité, et de vouloir maintenir les abus, parce que l'ancienneté leur a donné une sorte de consécration. N'oublions pas que l'homme est condamné à lutter péniblement et long-temps contre les erreurs avant de pouvoir en secouer le joug; que la découverte d'une seule vérité lui coûte toujours de grands efforts; qu'il faut quelquefois, pour y parvenir, les travaux soutenus et combinés de plusieurs générations. S'il y a tant d'obstacles à surmonter dans la carrière des sciences, nous flatterons-nous, dans celle de la Jurisprudence, d'un accès plus facile à la vérité, lorsqu'avec toutes les épines semées sur la route du Jurisconsulte qui aspire à la connaître, il faut encore détruire tant de moyens qu'emploient les passions les plus exaltées, pour l'obscurcir, l'altérer et la rendre méconnaissable.

Aussi les Tribunaux souverains s'attachent-ils tous journellement à perfectionner la Jurisprudence sur des questions très-importantes. Des Arrêts ultérieurs opposés aux précédens font presque toujours connaître l'équité d'une Cour par le sacrifice qu'elle fait de ses anciennes décisions à la vérité mieux connue, ou à la différence mieux sentie des espèces.

D'après cela, quoique l'autorité des préjugés soit telle qu'elle ne le cède qu'à l'autorité des Lois et des principes, l'Avocat doit s'interdire seulement l'examen des questions décidées par des *Arréts de réglement :* on ne peut balancer à s'y soumettre que quand on a l'évidence à leur opposer. Dans ces cas, très-rares sans doute, mais dont il y a des exemples, les Cours n'exigent point une soumission aveugle. Elles ont pris pour devise la déclaration que faisait à ses Sujets un Monarque auquel l'histoire a donné le nom de Grand : « Nous ne craindrons jamais d'éprouver quelques contrariétés de la part de ceux qui, trouvant nos ordres contraires à l'exacte justice, croiront devoir en suspendre l'exécution. » ( Theodoricus *apud* Cassiodorum , *lib.* 6, *variar. formul.* 5.)

De toutes ces discussions « on peut conclure que l'étude des arrêtistes est non-seulement utile, mais nécessaire à l'Avocat ; qu'il doit cependant se défier de tout ce qui ne peut être appuyé que par leur autorité ; que la Jurisprudence constante des Arrêts a force de Loi, mais qu'elle ne se forme que par une longue suite d'Arrêts, qui, dans tous les temps, ont décidé un point de droit de la même manière, malgré la diversité des circonstances ; qu'il est très-avantageux de pouvoir s'appuyer sur des Arrêts rendus en pareil cas ; mais qu'ils ne forment que des préjugés et non des moyens ; que les préjugés confirment toujours les principes, les expliquent quelquefois et ne les détruisent jamais ; en sorte que, quand on est fondé à réclamer les vraies maximes, il n'est ni téméraire, ni indécent de remettre en question ce qui paraît avoir été le plus formellement décidé entre d'autres parties. »

—Si cette controverse ne résout pas *toutes* les objections qui ont été faites pour ou contre la *Jurisprudence des Arrêts*, au moins l'avis de conciliation est assez sagement motivé pour démontrer que les *Compilations d'Arréts*, malgré leurs défauts et leurs imperfections, sont extrêmement utiles, et que (suivant le sentiment de LACOMBE) « le mauvais usage qu'on peut faire des Arrêts ne détruit pas les avantages qu'on en peut retirer. »

## SECTION V.

*Avantages de la Jurisprudence actuelle
sur l'ancienne.*

Les avantages qu'on peut retirer de la *Jurisprudence des Arrêts*, sont plus grands aujourd'hui qu'autrefois.

Si l'on remonte bien haut, on verra qu'*anciennement* « les Juges soulaient (1) insérer en leurs Jugemens, Sentences et Arrêts, la *cause* ou *motif* de la condamnation ou absolution. » (Larocheflavin, *des Parlemens*, liv. 13, ch. 61, n° 28.)

Mais insensiblement cet usage était tombé dans l'oubli ; et depuis plusieurs siècles on trouve que « les Arrêts et Jugemens ne contiennent que ce qui est ordonné *simplement, sans autre raisonnement*, soit en civil ou en criminel. la cause dépendant du faict, discours, circonstances et mé-

---

(1) *Solebant*, avaient coutume.

rite du procès et des actes produits.»
(LAROCHEFLAVIN, *ibidem.*)

Le même auteur semble vouloir justifier ce dernier état des choses par la citation d'un passage où « Sénèque, en son Epistre 94, reprend Platon d'avoir accompagné ses Lois de motifs et de préambules ; *quòd legibus suis,* PROOEMIA *et* RATIONES *adjiceret : legem* (inquit) *brevem esse oportet, quò faciliùs ab imperitis teneatur; velut emissa divinitùs vox sit; jubeat, non disputet.* »

Mais ici Larocheflavin n'a pas fait attention qu'il y a une grande différence entre une *Loi* et un *Arrét.*

L'office de la Loi est de commander, permettre, défendre et punir (1). Sa rédaction est toujours bonne quand elle est claire et précise : *ita ut quidquid ex legali fonte prodierit, in rivulis audientium sine retardatione recurrat* (2). Elle doit être courte; sa

_______

(1) *L. 7, ff. de Legibus.*
(2) LEX WISIGOTH., *lib.* 1, *cap.* 6.

briéveté aide à la retenir, et lui donne plus de majesté, *imperatoria brevitas*. Le législateur doit parler en maître, et non disputer en rhéteur, *non disceptatione debet uti, sed jure* (1); et nous convenons avec Sénèque, qu'une Loi peut marcher sans préambule : *Nihil videri frigidius, nihil ineptiùs quàm Legem cum prologo.* (Epist. 94.)

Aussi avons-nous déjà remarqué ailleurs (2) que la plupart des Législateurs ne donnent pas la raison de leurs Lois, ou qu'il leur arrive souvent d'en donner une fausse (3),

---

(1) *Dictâ lege, lib.* 1, *cap.* 2.

(2) *Réflexions sur l'Enseignement du Droit,* n° 28.

(3) On trouve à ce sujet une réflexion assez piquante dans les OEuvres de Guy Coquille (*tome I, p.* 219, *colonne* 1re, *édit. de* 1703.) « On a fait, dit-il, une infinité d'Edits auxquels on fait parler le Roi comme si c'était un orateur en une concion de Grèce, avec des propos spécieux, beaucoup de langage, et rien de vérité ; *comme si tous les Français étoient des bêtes, et qu'avec le simple sens commun il ne fût aisé à découvrir que le con-*

s'ils ont intérêt à déguiser la véritable.

Mais il n'en est pas des Arrêts comme des Lois.

La Loi parle, il suffit ; ce sont là nos oracles.

Les Magistrats, au contraire, doivent *compte* de leurs décisions au Souverain et aux parties : il ne leur suffit pas de prononcer par un

*Sic volo, sic jubeo ; stet pro ratione voluntas :*

il faut que, pour éloigner d'eux tout soupçon d'arbitraire, l'équité de leurs Arrêts soit enseignée par la sagesse de leurs *motifs*.

---

*traire du contenu en ces Edits est véritable !* Et entr'autres Edits, qui tous sont pécuniers et bursaux, il s'en trouve un de *fort belle apparence* en faveur des laboureurs en une chère année, pour n'être contraints à payer leurs debtes ; et c'était afin qu'étant déjà accablés par les guerres, ils eussent meilleur moyen de payer les tailles étrangement excessives, dont arriva que les marchands furent dégoûtés de leur prester, et par ce moyen ont depuis enduré beaucoup d'incommodités. » (*Dialogue sur les causes des misères de la France.*)
***

Si, avec le temps, les Parlemens étaient parvenus à s'affranchir de l'obligation de motiver leurs Arrêts, on n'avait pas cessé de désirer qu'ils y fussent derechef assujettis.

Dans le seizième siècle, RAOUL SPIFAME (dans un ouvrage qui ne se distingue pas seulement par son originalité, mais qui se recommande quelquefois par d'excellentes vues) a supposé qu'en 1556 Henri II avait rendu, sur le mode de rédaction des Arrêts, une décision ainsi conçue : « Le Roy.... ordonne que désormais tous Juges royaux et subalternes, souverains et inférieurs, exprimeront aux dictons de leurs Sentences et Jugemens la *cause* expresse et spéciale d'iceux, pour en faire une Loi générale, et donner forme au jugement des procès *fondés sur mesmes raisons et différends*, comme portant l'interprétation de ses statuts et ordonnances ; et à ceste fin ordonne que tous Dictons, Sentences et Arrests seront imprimés avec les *qua-*

*lités des parties*, à ce que chacun en puisse recouvrer pour son ayde, conseil et adresse. » ( *Dicœarchiœ Henrici Regis Progymnasmatum*, pag. 93.)

Cette décision, quoique apocryphe (1), a frappé par sa justesse, et a fini par être adoptée.

---

(1) Spifame, Avocat au Parlement de Paris, poussa l'originalité (*) si loin, que sa famille le fit interdire pour cause de démence. Mais il n'était rien moins que fou. Témoin le livre rare et curieux auquel il donna pour titre : *Dicearchiœ Henrici regis christianissimi progymnasmata*. Ce volume (de format in-8°) contient 309 Arrêts *de sa composition*, qu'il suppose avoir été rendus par Henri II, en 1556. Il y en a qui ne sont remarquables que par leur étrange bizarrerie ; mais il s'en trouve aussi de très-sensés, qui depuis ont été convertis en loi. Tels sont ceux relatifs au commencement de l'année au premier de janvier, à l'abolition des justices seigneuriales dans les grandes villes, aux embellissemens de Paris, au projet d'augmenter la bibliothèque du Roi, en lui donnant un exemplaire de tous les livres qui s'impriment, à l'obligation

(*) Voyez le trait que rapporte Loisel, sur son compte, dans son *Dialogue des Avocats*, Opuscules, p. 524.

L'Assemblée constituante a rendu, le 16 août 1790, une Loi portant (*tit.* 5, *art.* 15) que « dorénavant la rédaction des Jugemens, tant sur l'appel qu'en première instance, contiendra *quatre* parties distinctes :

» Dans la première, les *noms et qualités* des parties seront énoncés.

» Dans la seconde, les *questions de fait et de droit* qui constituent le procès seront posées avec précision.

» Dans la troisième, le résultat des faits reconnus ou constatés par l'instruction et les MOTIFS *qui auront déterminé le Jugement,* seront exprimés.

» La quatrième enfin contiendra le *dispositif* du jugement. »

Depuis que cette Loi existe, il est donc devenu plus facile qu'autrefois de donner de bons recueils d'Arrêts.

Les compilateurs n'en sont plus réduits à chercher péniblement, à

---

imposée aux Juges de motiver leurs Arrêts, etc.

deviner même quelles ont pu être les raisons de décider ; ils les trouvent écrites dans les Arrêts.

Ils ne peuvent errer sur les faits, car ils se trouvent également consignés dans l'Arrêt, et méritent d'autant plus de confiance, que l'obligation où est la partie qui lève un Arrêt d'en signifier les *qualités* à son adversaire est une garantie qu'il ne s'y sera rien glissé d'inexact.

En un mot, un arrêtiste moderne trouve dans l'Arrêt même dont il rend compte, tous les élémens nécessaires pour faire un article qui donne une idée parfaitement juste des *circonstances du fait*, des *moyens de Droit*, et des *motifs de décision*.

La promulgation des nouveaux Codes est une autre cause qui doit contribuer, de nos jours, à fixer la *Jurisprudence des Arrêts*. Autrefois elle variait suivant les lieux, les Juridictions, les coutumes et les usages ; il en résultait une bigarrure telle qu'on ne savait plus à quels si-

gnes reconnaître les bons Arrêts.
Mais aujourd'hui, à l'exception des
*questions transitoires*, qui portent
encore l'empreinte d'une Législation
imparfaite, tous les Arrêts se ren-
dent d'après des Lois uniformes, par
des Tribunaux animés du même esprit : *color est è pluribus unus*; et
s'il arrive encore quelquefois qu'ils
diffèrent entre eux (parce que tous
les hommes, quelque instruits qu'ils
soient, ne sont pas toujours du mé-
me avis), on conçoit néanmoins
qu'il est plus aisé de les concilier entre eux qu'à une époque où la France
était régie par une foule de Coutumes qui n'opéraient chacune que
dans son territoire; par des Ordonnances, des Déclarations, des Édits
observés dans les Parlemens où ils
avaient été enregistrés; méconnus là
où cet enregistrement n'avait pas eu
lieu....

Cette unité de Loi, en un mot,
désirée dans tous les âges de la Monarchie, conçue par tout ce que nous

avons eu de grands Rois, préparée par nos plus illustres Magistrats, consommée par nos plus doctes Jurisconsultes, est le plus grand bienfait que la France pût recevoir.

L'uniformité de Jurisprudence est garantie d'ailleurs par l'institution de cette cour régulatrice qui, prenant pour devise *la Loi*, a pour mission de ramener à ce point, comme à un centre unique, tous les Arrêts qui tenteraient de s'en écarter.

Il en résulte que la Jurisprudence n'est point, comme autrefois, vacillante, incertaine, contradictoire, diversifiée suivant le caprice des Cours et la différence des climats ; ou du moins, que s'il existe une variété d'opinions sur quelques points entre les Arrêts de plusieurs Cours, cette divergence est de nature à cesser bientôt par un recours qui amène une décision de la Cour suprême.

Nous disons suprême, *supremus est enim quem nemo sequitur (aut superat)*; *L.* 92, *ff. de Verb. si-*

*gnif.* Or, il n'existe aucune autorité qui, dans l'ordre de la hiérarchie judiciaire, soit placée au-dessus de la Cour de cassation (1). Toutes les autres Cours doivent déférer à sa puissance, non pas en ce sens que les Arrêts de cette Cour soient comme des Lois auxquelles les autres doivent absolument se soumettre, car elles conservent à cet égard une parfaite indépendance (2) ; mais en ce sens, que si un Arrêt de Cour royale est jugé contraire à la Loi, il est cassé et réduit *ad non esse* ; en ce sens encore, que si, après une première cassation, et sur le renvoi ordonné devant une autre Cour, il intervient sur le fond un second Arrêt qui soit attaqué par les mêmes moyens que le premier, la question doit être por-

---

(1) La Cour de cassation, *la première* de nos Cours dans l'ordre hiérarchique des Tribunaux. (*Ord. royale du* 15 *février* 1815.)

(2) Voyez à ce sujet et pour plus ample démonstration de cette vérité, la lettre du chevalier Desgraviers, insérée dans le *Constitutionnel* du 24 février 1822.

tée devant toutes les Sections réunies de la Cour de cassation, qui, sous la présidence du Garde-des-Sceaux, peut, ou casser une deuxième fois, ou demander l'interprétation de la loi.— Cette interprétation est de droit, si le troisième Arrêt est attaqué.

La Jurisprudence de la Cour de cassation est consignée dans un *Bulletin* officiel (1) où se trouvent tout à

---

(1) C'était encore une des bonnes idées mises en avant par Spifame. Dans le Recueil déjà cité, il avait supposé que Henri II avait rendu l'ordonnance suivante :

« Le Roy...... ordonne que tous ses Présidens en ses Courts de Parlement qui feront solennelle prononciation des Arrests d'icelles, seront tenus de faire *ung abrégé des loix et décisions juridiques que porteront lesdicts arrests*, pour s'en aider en semblables cas, sauf à les faire gloser et augmenter par les anciens Avocats d'icelle Court ; et huict jours après ladicte prononciation faite, *sera ledict abrégé délivré à l'imprimeur* ordinaire de ladicte Court, *pour l'imprimer et exposer en vente*, à ce que chascun de ses subjects le puisse facilement recouvrer pour l'estudier et mettre en mémoire, le alléguer et s'en ayder en temps et lieu, comme loy universelle de ce royaulme, terres et pays de l'obéissance du Roy. Et la fois et une courte notice du fait, et le texte même de l'Arrêt. Chaque article de ce Bulletin est rédigé par le Conseiller qui a rapporté l'affaire ; ainsi nulle compilation ne peut obtenir plus de confiance, et ne la mérite mieux en effet.

## SECTION VI.

*Ancienneté et multiplicité des compilations d'Arrêts.*

Cette pratique de recueillir les décisions judiciaires est bien ancienne. CRATERUS, favori d'Alexandre-le-

----

ordonne ledict seigneur Roy que les juges inférieurs seront tenus de se conformer à iceulx Arrests et donner leur jugement selon iceulx, pourveu qu'ils porteront par exprés *la cause de leurs jugemens.* » — SALVIAT (*) a été dupe de cette supposition, et il cite de bonne foi, comme existante, « une déclaration de 1556, qui enjoint aux Présidens des Cours supérieures de faire un abrégé des décisions des Arrêts, de les faire imprimer et mettre en vente. »

(*) Et quelques autres encore que le P. Bouhier cite dans ses *Observations sur la Coutume de Bourgogne*, chap. 4, tome I, p. 218.

Grand, était auteur d'un ouvrage dont les Savans regrettent vivement la perte ; c'était un Recueil des Décrets d'Athènes, dans lequel se trouvaient les Décisions de l'Aréopage et du Conseil des Amphyctions.

Les Jurisconsultes romains citent souvent dans leurs ouvrages les jugemens des Préteurs et les ordonnances des autres Magistrats.

En France, les premiers ouvrages de Droit n'ont été que des *Styles de pratique* et des *Recueils d'Arrêts* ; et c'est avec ces matériaux, d'abord informes, puis dégrossis, que nos meilleurs Auteurs ont posé les bases de notre Droit français.

Ce genre d'ouvrage s'est ensuite multiplié d'une manière effrayante, chacun se piquant de recueillir les Arrêts de son Parlement, tantôt par *ordre de date*, tantôt par *ordre alphabétique*, ou enfin suivant un *ordre de matières*.

Fournel n'a pas manqué d'en faire la remarque dans son *Histoire*

*des Avocats*. Au livre V, portant pour rubrique, *Des Avocats au XVII_e siècle*, il s'exprime ainsi : —
« Il paraît que le goût dominant des Jurisconsultes de cette époque se tourna vers les *Compilations d'Arrêts*, et les *Recueils de Plaidoyers*. C'est dans ce siècle qu'on trouve cette *foule* d'arrêtistes qui *encombrent* les bibliothèques de *Jurisprudence*, tels que ceux-ci :

    1312. Montluc.
    1602. Chenu.
    1602. Chorier, *sur Guy-Pape*.
    1606. Duvair.
    1612. Barnabé Levest.
    1617. B. De Laroche-Flavin.
    1618. Maynard.
    1620. Recueil de Néron et Girard.
    1622. Bellordeau.
    1625. Anne Robert.
    1628. Bouvot.
    1628. Jacques Corbin. ( *Code Louis XIII.* )
    1630. Laurent Bouchel.
    1631. Tournet.

1631. Fillau.
1636. Expilly.
1643. Louet (depuis *alongé* par
    Brodeau.)
1645. Leprestre.
1646. D'Olive.
1647. Bouguier.
1654. Dufail.
1664. Catelan.
1668. Guy Basset.
1669. Desmaisons.
1670. Boniface.
1672. *Journal du Palais.*
1675. La Peyrère.
1680. *Journal des Audiences.*
1681. Cambolas.
1682. Soëfve.
1684. Frain.
1686. Albert.
1690. Bardet.
1692. Laville.
1727. Brillon.
1736. Du Rousseau de Lacombe.
1736. Mathieu Augiard.
1738. Gayot de Pittaval. (*Causes
    célèbres.*)

1783. Nouveau Denizart.

1784. Répertoire de Jurisprudence, etc. (1).

D'après cette liste, où l'on est loin d'avoir épuisé tous les noms, on conçoit aisément que MAUSSAC avait sujet de se plaindre de ce qu'à l'époque où il écrivait l'art de l'imprimerie semblait exclusivement réservé à perpétuer les futiles rapsodies des *collecteurs d'Arrêts*, tandis que les doctes élucubrations des Savans, dédaignées par les typographes, accusaient ces derniers d'avarice et le siècle d'impéritie. *Hodie in galliâ nos hujusmodi homines è trivio vocamus,* COLLECTEURS D'ARRÊTS, *ad quorum nugas et somnia excudenda et typis*

---

(1) BRUNEAU a joint à son Traité des Criées (édit. de 1686 et de 1704) un Tableau des diverses compilations d'Arrêts. — PROST DE ROYER, au mot *Arrêtiste*, en nomme jusqu'à cent dix-huit, et il avoue lui-même que sa liste est loin d'être complète. Il les range sous chaque Parlement, et, pour le Parlement de Paris seul, il en compte quarante-trois, encore finit-il par un *etc.*

*mandanda, divina hæc excudendi ars potiùs inventa videtur, quàm ad serias et non ità futiles doctorum virorum lucubrationes, posteris imperitiam sequioris hujus seculi hominum miraturis, et typographorum avaritiam contempturis relinquendas.* (Not. in Harpocrat. *voce* 'Αρκτεῦσαι.)

Aujourd'hui même qu'il existe tant d'ouvrages où toutes les parties du Droit sont traitées *ex professo*, le goût pour les compilations d'Arrêts n'a pas diminué, et l'ardeur des arrestographes ne s'est pas ralentie.

Ainsi nous avons, *à Paris*,

Le *Recueil d'Arrêts* de Sirey;

Celui de Denevers;

Le *Journal du Palais*;

La *Jurisprudence du Code civil*;

Le *Journal des Avoués*, — *des Notaires*, — *des Avocats*;

Le *Journal du Barreau*;

Le *Recueil des Causes célèbres*;

Le *Journal de l'Enregistrement*;

Le *Journal commercial*, etc.

Et, *dans les Départemens*, il n'est presque pas de Cour royale qui n'ait aussi son arrestographe (1).

Au-dessus de toutes ces collections se trouve, sans comparaison, le *Nouveau Répertoire de Jurisprudence.* Cet immense ouvrage n'est pas seulement un *Recueil d'Arréts;* c'est, avant tout, un vaste répertoire de principes. Chaque article y est traité méthodiquement; on y trouve des définitions exactes et des divisions commodes; l'indication des Lois, des Coutumes, des auteurs, et l'exposé des questions avec les raisons de douter et de décider.

Les Arrêts n'y sont pas rapportés nuement. Dans les espèces que l'auteur n'a pas eu occasion de traiter

______

(1) En corrigeant les épreuves de la première édition, le prote avait lu *arrestophage* (croqueur d'arrêts); j'avoue que j'ai été tenté de ne pas considérer cette méprise comme une faute; car la plupart de ces compilateurs sont moins en effet des *descripteurs,* que des *croqueurs d'arrêts.*

lui-même, une analyse courte et bien raisonnée donne une idée suffisante de l'Arrêt. Dans les autres, l'Arrêt est précédé du plaidoyer de l'auteur, c'est-à-dire d'une dissertation où la science et la dialectique se prêtent mutuellement toutes leurs forces.

Ce dernier éloge s'applique particulièrement aux *Questions de Droit*, que j'appellerais quasi *Papiniennes*, s'il était permis (1) de comparer aucun Jurisconsulte à Papinien.

Mais il s'en faut bien que les autres collections de Jurisprudence moderne soient aussi voisines de la perfection.

Plusieurs d'entre elles jouissent d'un crédit qu'on ne veut ni leur disputer, ni leur envier ; mais quelques-unes aussi ne sont pas exemptes des défauts qu'on a de tout temps reprochés aux compilations d'Arrêts.

---

(1) La défense est de Cujas : *Nemo unquàm Papiniano æquari potest, nisi per deridiculum ; nemo unquàm*, dit-il au commencement de son Commentaire *ad Quæst. Papin.*

Pour généraliser nos idées sur ce point, nous allons examiner :

1° Quels sont les défauts les plus ordinaires des Recueils d'Arrêts ;

2° Quelles sont les qualités que ce genre de travail exige.

## SECTION VII.

*Défauts reprochés aux compilations d'Arrêts.*

Remarquons d'abord une différence bien grande entre les anciens et les nouveaux Recueils, quant à la manière dont ils sont faits et publiés.

Anciennement un Arrêtiste était ou un Magistrat qui publiait les Arrêts à la délibération desquels il avait concouru ; ou un Avocat, peu employé peut-être, mais assidu aux audiences et recueillant tout ce qui s'y passait (1). Chacun ne donnait ordi-

(1) « Tel était maistre Jean Bacquet, duquel on n'a pas tant parlé de son vivant, qu'après son décès : car il plaidait fort peu souvent, se rendant néanmoins assidu aux audiences, où il se tenait derrière les barreaux, et remarquait soigneusement ce que

nairement que les Arrêts du Parlement ou du siége auquel il était attaché (1) : il était donc plus à portée d'en rendre un compte exact, soit qu'il parlât d'après ce qu'il avait ouï en personne, soit qu'il écrivît sur le rapport de ses confrères.

Aujourd'hui il n'en est pas de même. Nos Recueils embrassent les Arrêts de toutes les Cours de l'Empire, et ces Arrêts sont cités partout avec autant de confiance que si l'arrêtiste les avait tous vu rendre.

Il en résulte un avantage, en ce que les questions sont plus nombreuses, les espèces plus diversifiées ; mais il y a aussi cet inconvénient, que l'arrêtiste de Paris ne peut guère se

---

l'on disait, et les arrests qui s'y donnaient , jusques à demander aux avocats les noms des parties , et les principaux poincts de leurs causes, dont il a si bien fait son profit, que vous en voyez les fruits par ses livres qui sont bien recherchez. » LOISEL, Opusc., p. 531.

(1) « *Chacun en sa chacune*, je veux dire en sa cour de Parlement. » PASQUIER, *liv.* 30, *Lett.* 15, *p.* 578.

flatter de connaître dans tous ses détails une affaire qui a été commencée, instruite et jugée à deux cents lieues de lui, dans un pays, sur des actes et entre des personnes dont souvent il arrive qu'il ne sait pas même la langue (1).

Remarquons, en outre, que les anciens arrêtistes ne publiaient pas leurs Recueils feuille par feuille, comme font les modernes. Ils faisaient un choix d'Arrêts, les classaient à leur manière, et établissaient entre eux, par des rapprochemens ou des renvois, une concordance telle que leur ouvrage, venant à paraître, offrait, sinon sur toutes les questions, au moins sur le plus grand nombre, un corps de Jurisprudence à peu près fixe.

« Autant qu'il m'a été possible (dit Brillon), je me suis exactement at-

_______________

(1) Ceci a été écrit en 1813 ; à cette époque, les Arrêts des Cours de Turin, Bruxelles, etc. entraient dans nos Compilations.

taché à concilier les décisions contraires, soit pour empêcher que les jeunes Avocats ne s'égarent sur des routes douteuses, soit pour ôter aux parties, naturellement passionnées, les motifs d'entreprendre des procès téméraires, sur le fondement de décisions mal entendues ou peu digérées en quelques-uns de nos *Journaux*. »

Il y avait, en effet, des Recueils d'Arrêts intitulés *Journaux*; mais ce n'étaient pas des *Journaux* dans le sens qu'on attache aujourd'hui à ce mot. Ce n'étaient pas des ouvrages périodiques distribués régulièrement et à jour fixe à des *abonnés* ; ils n'avaient pris ou reçu la dénomination de *Journaux* que de l'ordre chronologique dans lequel les Arrêts s'y trouvaient rangés.

Maintenant, au contraire, un *Journal* est, avant tout, une branche de revenu, une spéculation, un négoce qui rend l'arrêtiste justiciable des Tribunaux de commerce, et contraignable par corps s'il manque à l'exécution de ses engagemens *journaliers* envers le papetier, l'imprimeur, etc.

Voyons les abus.

Le chef du Journal, tout occupé de ses registres d'abonnement, n'est le plus souvent qu'un capitaliste qui soudoie un certain nombre de rédacteurs en sous-ordre.

Ceux-ci, ordinairement jeunes et sans expérience des affaires, ne songent qu'à broder leurs faits, si bien qu'on a quelquefois peine à en reconnaître le tissu ; ou bien ils étalent une érudition déplacée. Payés à tant la feuille, ils visent surtout à ce qu'on appelle *fouetter le cahier*; de là ces longs articles qui occupent plusieurs pages qu'il faut dévorer pour arriver à comprendre un Arrêt dont souvent on aurait pu donner une juste idée dans un résumé de quelques lignes.

On ne dit pas à ces *fabricans d'articles : — Travaillez à loisir, quelqu'ordre qui vous presse.* Au contraire, on leur dit : — « Travaillez *à jour fixe,* soyez prêts *à la minute* ;

il faut que la feuille paraisse, bien
ou mal remplie.... »

Ce n'est pas tout. Les feuilles se
succèdent, mais ne se ressemblent
pas ; les dernières peuvent bien renvoyer aux premières : mais celles-ci
ne peuvent plus renvoyer aux suivantes : *Nescit vox missa reverti.*
Lorsqu'à la page 20 se trouve un Arrêt de Cour impériale qui a jugé *blanc*,
à la page 50 se rencontre souvent un
autre Arrêt qui a jugé *noir* ; et plus
loin un troisième Arrêt qui n'a jugé
comme aucun des précédens. Rien
de plus fréquent encore que de voir
un Arrêt de 1807 cassé en 1808. Il
en résulte qu'on peut moins faire
dans ces Recueils des recherches que
des rencontres ; que le rapproche-
ment des Arrêts y est fort difficile,
et qu'un *Recueil d'Arrêts* n'est pas
toujours un *Recueil de Jurisprudence.*

On a fait aux anciens arrêtistes
un reproche dont les nouveaux ne
savent pas toujours se garantir ; c'est

de présenter, comme établissant une *règle générale*, un Arrêt qui, en y recourant, se trouve n'avoir jugé qu'un *cas tout particulier*. Qui ne sait, en effet, qu'il se rencontre souvent telle espèce où la conscience des Magistrats ne se croit rassurée que par une sorte de violence faite au principe général? Un tel Arrêt, s'il peut être justifié par la faveur ou la singularité des circonstances, la qualité ou les rapports des parties, ne doit certainement pas être tiré à conséquence. Le devoir de l'arrêtiste est donc d'avertir son lecteur du danger qu'il y aurait à étendre à tous les cas ce qui n'a été jugé que pour un seul, et de prémunir ainsi contre l'abus que des gens ignorans ou peu délicats pourraient faire d'une décision *dangereuse dans ses conséquences, quoique louable dans son principe.* Il doit se rappeler le mot de César : *Omnia mala exempla ex bonis initiis orta sunt : sed ubi Imperium ad ignaros aut minùs probos pervenit, novum illud exemplum ab dignis et idoneis ad indignos et non idoneos transfertur.* (Sallust. in Catilin., cap. 51.)

## SECTION VIII.

*Qualités désirables dans un Recueil d'Arrêts.*

Si, des défauts justement reprochés aux compilations d'Arrêts, nous passons aux qualités qu'exige ce genre de labeur, nous allons trouver plus à désirer que nous n'avons trouvé à reprendre.

Dans un ouvrage aussi recommandable par sa briéveté que par sa profondeur, BACON donne plusieurs bonnes règles sur la meilleure manière de recueillir et d'alléguer les Arrêts.

1. Il faut faire choix des Arrêts rendus dans des temps calmes et modérés, et non à des époques de tyrannie, de factions et de désordres. Ces exemples illégitimes nuisent plus qu'ils n'instruisent : *Magis nocent quàm docent.* (*Aphor.* 22.)

2. Le plus sûr est de préférer les nouveaux Arrêts aux anciens : car pourquoi ne pas continuer à pratiquer ce qui l'a été peu de temps auparavant, sans qu'il en soit résulté d'inconvénient ? Cependant les exemples récens ont moins d'autorité que les anciens ; et quand l'ordre actuel des choses a besoin d'amélioration , il n'est que trop commun de rencontrer des Arrêts dans lesquels l'esprit du temps se fait plus remarquer que la droite raison : *Magis seculum suum sapiunt, quàm rectam rationem.* (*Aphor.* 23.)

3. Les anciens Arrêts doivent être reçus avec précaution et discernement : d'autres temps, d'autres soins ; et tel Arrêt, vieux par sa date, peut paraître bien nouveau par son peu de conformité avec l'état présent. Les meilleurs sont donc ceux d'un temps intermédiaire, ou d'un temps qui ait rapport au nouveau ; conformité qui quelquefois a lieu entre des époques bien éloignées, et ne se

rencontre pas entre des temps plus rapprochés. ( *Aphor.* 24. )

4. Il faut se renfermer dans l'espèce de l'Arrêt, et se tenir en-deçà plutôt qu'au-delà ; car où la Loi manque, tout est suspect ; et dans le doute, la circonspection vaut mieux que trop de hardiesse. (*Aphor.* 25.) Autrement à force d'aller de proche en proche, sous prétexte d'analogie, on finirait par arriver aux conséquences les plus opposées au principe dont on est parti. (Voyez *Aphor.* 16.)

5. Il importe beaucoup de remarquer par quelles mains ont passé les Arrêts qu'on cite. Si ce sont des actes obscurs, tirés de la poudre du greffe, et qui ne sont pas l'ouvrage même des Magistrats ( par exemple des *Arrêts d'expédient*) ; ou si le souvenir ne s'en est conservé dans la mémoire publique que par une tradition incertaine, on doit en faire peu de cas, ou même les écarter tout-à-fait. ( *Aphor.* 27.)

6. Il convient de donner la pré-

férence à ceux qui ont été rendus publics, et que chacun a pu critiquer ou invoquer à son gré; à la différence de ceux qui, restés comme ensevelis dans les registres et les archives, semblent avoir été condamnés à l'oubli : car il en est des exemples comme de l'eau, qui n'est jamais plus saine que lorsqu'elle est courante : *Exempla enim, sicut aquæ, in profluente sanissima.* (*Aphor.* 28.)

7. Les décisions judiciaires ne doivent pas être extraites des historiens, mais des registres même, ou être fondées sur des traditions parfaitement sûres. Il semble, en effet, que, par une sorte de fatalité, les historiens, même les meilleurs, ne parlent des Lois et des Actes judiciaires que d'une manière imparfaite : si elle est exacte au fond, elle diffère toujours beaucoup de ce qu'on trouve dans les pièces originales. (*Aphor.* 29).

8. Une Jurisprudence aussitôt abandonnée que reçue doit être re-

jetée ; car l'usage qu'on en a fait pendant quelque temps prouve moins en sa faveur, que le discrédit où elle est presque aussitôt tombée ne prouve contre. (*Aphor.* 30.)

9. On cite les Arrêts comme exemples bons à suivre, et non comme des Lois auxquelles il faille absolument céder. *In consilium adhibentur, non utique jubent, aut imperant.* Loin de contrarier l'usage présent, il faut donc, au contraire, qu'ils s'y prêtent et s'y puissent accommoder. (*Aphor.* 31.)

10. Suivant Bacon, les compilateurs des *Arréts* devraient être choisis parmi les Avocats les plus savans, et le Gouvernement fournirait aux honoraires de leurs travaux : *Honorarium liberale ex publico excipiunto.* On ne devrait, en aucun cas, confier ces soins importans aux Juges, de crainte qu'un trop grand attachement à leurs opinions et trop de confiance dans leur propre autorité, ne les fît s'écarter des simples

fonctions de référendaires. (*Aphor.* 75.) (1).

11. Il faudrait, dit-il, énoncer l'espèce avec précision, donner exactement le texte de l'Arrêt, avec les motifs sur lesquels il est basé ; et ne rien dire des plaidoyers des Avocats à moins qu'ils n'offrissent quelque chose de bien saillant. (*Aphor.* 74.)

12. Enfin, on disposerait les Arrêts suivant l'ordre des temps, et non suivant celui des matières ; en effet, les Recueils de ce genre forment une histoire exacte, et présentent un tableau suivi des progrès de la science des Lois. Un Juge éclairé s'instruit autant lorsqu'il médite sur les époques des différens Arrêts, que lorsqu'il en approfondit les espèces. (*Aphor.* 77.)

---

(1) Ces appréhensions que manifeste Bacon doivent, sans doute, engager à se tenir en garde contre les effets d'un amour-propre toujours partial ; cependant il est, à mon avis, des avantages qui peuvent balancer cet inconvénient. Voyez, ci-après, SECTION XIV, *Règle V.*

Lacombe veut qu'un arrêtiste n'avance rien qu'il n'ait été à portée de vérifier par lui-même. « Il en est, dit-il, des Arrêts comme de l'histoire : l'on ne se fie aux historiens éloignés qu'à bonne caution, au lieu que les contemporains font une foi pleine et entière. »

Tous les devoirs d'un bon arrêtiste semblent réunis dans cet éloge de Dufresne, auteur du premier volume du *Journal des Audiences.* « Rien n'a égalé son exactitude.... Il a été non-seulement présent aux audiences, mais il s'est encore conformé scrupuleusement aux lois de la vérité, en rédigeant avec beaucoup de netteté les moyens de fait et de droit, et en rapportant la plupart des Arrêts en forme. — Dans les causes où le fait ne paraissait pas bien éclairci, il s'est donné la peine d'examiner attentivement les Mémoires de ses confrères et même ceux des parties, *afin de saisir la question de fait et de la présen-*

*ter dans son véritable point de vue* (1). »

SALVIAT nous apprend que, pour s'assurer de l'exactitude des Arrêts qu'il rapporte, il s'est servi principalement des *Attestations* en usage au Barreau du Parlement de Bordeaux. « Ces actes, dit-il, qui ne sont délivrés qu'après de *mûres délibérations de la Compagnie entière* de MM. les Avocats, jouissent parmi nous de la plus grande authenticité ;

---

(1) D'AGUESSEAU n'en juge pas aussi favorablement. Dans sa 420e Lettre (t. 8, p. 585) il écrit : « ..... Je me contenterai de vous dire, en général, que le *Journal des Audiences* du Parlement de Paris, où vous avez pris apparemment *ce qu'il me fait dire de la cause*, ..... *n'est pas un garant bien sûr* des maximes que l'auteur de ce journal y met dans la bouche des Avocats généraux. Les précis qu'il y rapporte de leurs plaidoyers sont ordinairement *assez mal faits.* Quoiqu'il rencontre quelquefois bien dans les maximes qu'il leur fait avancer, *l'ouvrage n'en mérite pas pour cela plus de confiance* ; et il a ce caractère *commun avec la plupart des Recueils de cette espèce,* qui ont souvent plus d'autorité de loin que de près. » —*Avis aux Provinces.*

ils ne sont pas à Bordeaux, comme ailleurs, l'ouvrage de deux ou trois personnes, mais celui d'un *Corps entier*, etc. » — On conçoit, en effet, que des Arrêts ainsi *attestés* ne pouvaient pas manquer d'être présentés sous leur vrai jour.

## SECTION IX.

*Moyen de concilier les Arrêts contraires.*

Après l'exactitude dans le récit des faits, l'exposé des moyens et le texte de l'Arrêt, le principal devoir d'un arrêtiste est de rapprocher les Arrêts qui semblent contraires et d'en marquer l'opposition, d'indiquer les nuances qui les séparent ou le moyen de les concilier. (*Voyez ci-après 8ᵉ règle.*)

« On sait, dit M. Delaville, que la doctrine des Arrêts *est grandement mêlée de pour et de contre; les circons-tances particulières* en peuvent être la cause, ou bien *quelques autres choses* qui peuvent se présenter à la

9

pensée, et qu'il n'est pas besoin d'expliquer. »

D'Argentré ne laisse pas échapper l'occasion de remarquer que *de iisdem non eadem judicantur*, et tous nos auteurs sont remplis de doléances sur l'éternelle contradiction des Arrêts.

On les concilie le plus souvent en distinguant avec soin les *temps*, les *lieux*, les *personnes*, les *circonstances particulières* de la cause.

Les Lois n'ont pas d'effet rétroactif; chaque cause doit se juger suivant les règles en vigueur au moment où elle a pris naissance. Un premier moyen de concilier certains Arrêts est donc de faire observer que l'un, par exemple, a été rendu depuis le Code civil, tandis que l'autre a été rendu sur une espèce antérieure. L'Arrêtiste en conclura que ce dernier Arrêt, qui n'est que *transitoire*, ne peut être d'aucune influence sur l'avenir.

Souvent un Arrêt est fondé sur un

usage qui n'est que local ; on a donc pu juger autrement dans un pays où l'usage n'était pas le même.

Ce qui se juge en faveur d'un Français, d'un mineur, d'une femme mariée, d'une administration publique, etc., etc., est rarement d'accord avec les décisions portées dans la cause d'un étranger, d'un majeur, d'une veuve, d'un simple particulier, etc.

Enfin il peut y avoir eu des circonstances particulières qui aient exigé que, dans l'espèce où elles se rencontraient, on jugeât autrement que dans une espèce où elles ne se rencontraient pas. (*Voy. ci-après règle IX, 6°.*)

## SECTION X.

*Qu'il ne faut pas négliger d'apostiller un mauvais Arrêt.*

Sans entrer ici dans le détail de ces *autres choses* dont parle M. De-laville, et qui, en effet, *peuvent se présenter à la pensée sans avoir besoin d'être dites*, ne peut-il pas arriver qu'une cause mal entendue soit encore plus mal jugée? Il est alors du devoir de l'Arrêtiste de faire comme Bretonnier sur Henrys, *tom.* 2, *pag.* 153, *liv.* 3, *question* 75. « Il faut observer (dit cet annotateur) que les emphytéotes ne s'attachèrent qu'à contester le droit en soi ; *il n'y en eut pas un qui s'avisât d'objecter* que la mort civile n'était pas suffisante pour donner ouverture à un semblable droit; et les Juges de ce temps ne connaissaient guère le titre du droit, *Ut quæ desunt advocatis partium, judex suppleat.*—J'ai cru (ajoute-t-il) devoir faire cette observation pour montrer *que ces Arréts ne doivent pas étre tirés à conséquence*, etc. »

Nos modernes (1) n'ont pas assez

_______________

(1) Ils font, le plus souvent comme cet Avocat vénitien, qui, plaidant devant les Sérénissimes Sénateurs, leur disait : *Il mese passato le vostre Excellenze hannò giudicato cosi ; e questo mese, nella medesima causa, hannò giudicato tutto 'l contrariò :* E SEMPRE BEN !

de cette franchise gauloise qui met la vérité au-dessus de tout ; et tel article qui devrait être terminé par une remarque semblable à celle de Bretonnier, au lieu d'offrir une salutaire critique, ne renferme souvent que des éloges ridiculement accumulés. Sans doute, en reprenant le jugé d'un Arrêt, on ne doit s'écarter *en rien* du profond respect dû aux Magistrats qui l'ont rendu : mais il est un juste milieu (1) entre des réflexions offensantes et une fade adulation qui transforme tous les Avocats en *Gerbiers*, tous les Gens du roi en *Seguiers*, tous les Présidens en *Lamoignons*, toutes les Cours en *Aréopages* !

On plaide, on écrit, on imprime

---

« Vos Excellences, le mois passé, jugèrent de cette façon ; et ce mois-ci, dans la même cause, elles ont jugé tout le contraire ; et *toujours à merveille !* »

(1) *Licet inter abruptam contumaciam et turpe obsequium pergere iter ambitione et periculis vacuum.* TACIT., *Annal.*, IV, 20.

***

qu'un Tribunal de première instance a *mal jugé*; on plaide, on écrit, on imprime qu'un Arrêt *doit être cassé* pour avoir *violé, méconnu, faussement appliqué la Loi :* qui donc empêche un arrêtiste de s'élever aussi contre une doctrine qui lui semble erronée, et de reconnaître, avec Ulpien, que souvent l'*Arrêt* qui réforme ne vaut pas la *sentence* infirmée? *Nonnunqùam benè latas sententias in pejus reformant. L.* 1 *ff. de appellationibus* (1).

## SECTION XI.

*A quoi il faut faire attention pour distinguer les bons Arrêts d'avec les mauvais.*

Nous ne prétendons pas qu'en fait d'Arrêts, il soit si facile de distinguer les bons des mauvais.

Quand vous m'opposez un Arrêt,

---

(1) Ainsi, dans mon opinion, l'Arrêt de la Cour royale de Paris, dans l'affaire du chevalier Desgraviers, me paraît plus conforme aux principes que l'Arrêt qui l'a cassé.

disait Dumoulin, veuillez en même temps m'apprendre par qui, contre qui, en faveur de qui il a été rendu, et sur la plaidoirie de quel Avocat. *Quando mihi opponas Arrestum, dic etiam mihi, pro quo, contrà quem, à quo judice datum sit, et quo tuente Advocato* (1).

On ne peut nier que le mérite des Avocats qui plaident une cause n'influe puissamment sur l'Arrêt qui la décidera. L'Avocat jurisconsulte démontrera jusqu'à l'évidence des propositions qu'un Avocat moins habile

---

(1) Aussi d'Argentré conseille-t-il, avant d'intenter une action, d'observer *quid tempora, quid conditio hominum, quid judicantium mentes agitet. Quid cùm sic dicitur, illo judice vinces, illo excides eâdem in causâ. Sunt quædam temporum inopportunitates et alia quæ homini prudenti despici oporteat antequàm rem aggrediatur.* (*Ad art.* 487, *Consuet. Brit.*, p. 1731, *edit.* 1646.) — A ce propos, Bretonnier s'écrie : « Voilà le danger qu'il y a d'établir une Jurisprudence sur des Arrêts qui varient souvent suivant *l'humeur des Juges, le crédit des parties,* et *l'habileté des Avocats!* » (Sur Henrys, tom. 2, pag. 90, liv. 3, quest. 67.)

n'abordera point, ou qu'il présentera maladroitement. Un orateur emportera d'emblée un Arrêt qu'un froid parleur n'aurait jamais obtenu, parce que celui-là aura fait valoir avec véhémence des considérations qui, froidement exposées, n'auraient excité qu'un médiocre intérêt.

Les Officiers du parquet influent plus puissamment encore sur l'événement de l'Arrêt. N'ayant d'autre vue que celle du bien public, d'autre langage que celui de la vérité, avec quelle confiance les Juges ne reçoivent-ils pas et les faits qu'ils leur présentent comme certains, et les principes dont ils leur signalent l'application? Cela explique l'empressement avec lequel les arrêtistes nous informent que tel Arrêt a été rendu sur les conclusions de M. Daniels, sur celles de M**, etc.

Mais *c'est surtout le bon Juge qui fait le bon Arrêt.* « Bien juger, dit Fénélon, c'est juger selon les lois ; et pour juger selon les lois, il faut les connaître (1). » Aussi l'Écriture re-commande aux juges de s'instruire, *erudimini qui judicatis terram*; le Prince suppose qu'ils le sont, le Public le croit, le Barreau n'est jamais plus satisfait que lorsque réellement il en est ainsi.

Quel bonheur, en effet, pour les Avocats et leurs cliens, d'être jugé par de « notables et solennelles personnes de grant science, loyauté, prudence et expérience de justice; ayant Dieu devant les yeux, aimant mondict seigneur, sa seigneurie et le bien commun du royaume; qui, pour doutes de menaces, faveur ou acceptations de personnes, rejettées toutes haines et corruptions, ne laissent ou différent à faire loyalle justice, tant aux grants comme aux petits, à la semblance et manière des vrais et loyauts Juges qui, en la Cour souveraine et capitale de ce royaume, sou-

_______________

(1) Directions pour la conscience d'un Roi, p. 65.

laient par grande diligence rendre droit justice à chascun. » ( *Lettres patentes du* 16 *février* 1417.)

Mais il ne suffit pas, pour qu'un Arrêt soit bon, que le Magistrat dont il émane ait le cœur droit et l'esprit juste : *Bien juge qui tard juge,* a dit Loisel, et il a eu raison ; car *de fol Juge briève sentence.*—La *patience* est donc une des qualités les plus essentielles du Magistrat ; c'est *une grande partie de sa justice.*

Rappelons les préceptes et citons des exemples.

Lorsqu'un Juge ouvre l'audience, a dit Théodose, qu'il écoute *patiemment* les assertions et les réponses des plaideurs ; qu'il approfondisse tout avec le plus grand soin. Qu'il n'aille pas leur débiter sa sentence avant qu'ils n'aient pleinement exposé toutes les raisons qu'ils ont à proposer pour leur défense ; qu'on plaide jusqu'à ce que la vérité soit connue, qu'il demande ce qu'on oublierait de lui dire, afin qu'aucun moyen ne soit négligé. *Judex quùm causam audire cœperit, litigatorum assertiones vel responsiones* PATIENTER *accipiat, et omnia plenâ discussione perquirat. Nec priùs litigantibus suâ sententiâ velit obviare, nisi quandò ipsi, peractis omnibus, jam nihil ampliùs in contentione habuerint quod proponant ; et tandiù actio ventiletur, quousque rei veritas perveniatur : frequenter interrogari oportet, ne aliquid prœtermissum fortassè remaneat. L.* 1, C. Théod. *de judiciis.*

Qu'il dise, comme PLINE le jeune : J'accorderai tout le temps qu'on me demandera ; car j'estime qu'il y a de la présomption à deviner d'avance quelle sera la juste étendue d'une cause non encore expliquée, et à borner la durée d'une affaire dont on ignore les développemens (1) ; la pre-

---

(1) Je pourrais citer telle affaire de la plus haute importance, où il a été dit à l'Avocat : La Cour ne vous accorde qu'une heure pour votre plaidoirie.

mière qualité d'un Juge religieusement attaché à ses devoirs étant par-
dessus tout la *patience*, qui est une
grande partie de la Justice. *Equidem,
quoties judico, quantùm quis pluri-
mùm postulat aquæ, do ; etenim te-
merarium existimo divinare, quàm
spatiosa sit causa inaudita ; tempus-
que negotio finire, cujus modum
ignores : præsertim cùm primùm re-
ligioni suæ judex* PATIENTIAM *debeat,*
QUÆ PARS MAGNA JUSTITIÆ EST. (Lib.
6, Epist. 2.)

Cela néanmoins ne veut pas dire
qu'on doive écouter jusqu'à satiété
ceux qui parleraient jusqu'à épuise-
ment. Aussi, de tout temps les Présidens des cours ont usé du droit d'arrêter le flux d'une plaidoirie trop
longue, par un *c'est entendu* (1). Mais

---

(1) Voyez toutefois dans la nouvelle édition que j'ai donnée, en 1818, des Lettres sur
la profession d'Avocat, tome I, p. 495, une
Lettre de M***, *où l'on examine si les Juges
qui président aux audiences, peuvent légiti-
mement interrompre les Avocats lorsqu'ils plaident.*

n'est-il jamais arrivé qu'une cause ait été réputée *entendue* avant que d'avoir été réellement *écoutée?* N'a-t-on pas vu quelquefois un intimé dont la cause était *entendue* perdre, à la suite d'un délibéré où s'était élevée pour la première fois une objection restée sans réponse, parce que son Avocat avait été prématurément interrompu? Est-il sans exemple qu'un Arrêt, sur le point d'être prononcé dans une cause *ainsi entendue,* ait été suspendu par la généreuse insistance d'un Avocat qui, suppliant avec force qu'on daignât l'écouter, et parvenu à faire rasseoir les Juges qui allaient le condamner, a ramené aux voies de la justice ceux que la précipitation en allait écarter? La patience est donc nécessaire au Juge, tellement que, s'il n'a pas également écouté les deux parties (1), il passera

______

(1) C'est pour cela qu'on met dans tous les jugemens *parties ouïes;* et autrefois : *Quibus rationibus* utriusque partis *hinc indè* auditis,

10

pour injuste alors même que son prononcé ne le sera pas :

*Qui statuit aliquid, parte inauditâ alterâ* (1);
*Æquum licet statuerit, haud æquus fuit.*

Aussi, entre tant d'éloges qu'a mérités le Président de Lamoignon, on a surtout vanté cette rare *patience* avec laquelle il écoutait les plaideurs. « *Laissons-leur*, disait-il, *la liberté de dire les choses nécessaires, et la consolation d'en dire de superflues. N'ajoutons pas au malheur qu'ils ont d'avoir des procès celui d'étre mal reçus de leurs Juges : nous sommes établis pour examiner leur droit, et non pas pour éprouver leur pa-*

---

dictum fuit per arrestum Curiæ. (Voyez Du-CANGE, 2ᵉ Dissertat. sur Joinville, p. 143.)

(1) L'empereur Claude faisait encore mieux que cela : car il jugeait quelquefois sans avoir entendu aucune des parties. C'est le sujet d'une raillerie de Sénèque (*in Apolocynt.*), où il a l'air de louer S. M. I. de cette étonnante facilité :

Quo, non alius,          Unâ tantum
Potuit citiùs           Parte audi_tâ,
Discere causas ;         Sæpè et neutrâ.

*tience* ; » et il leur laissait éprouver la sienne. (*Vie du Président de Lamoignon,* p. 36.) (1)

Il n'y a pas de *patience* sans *attention*. La patience ne consiste pas à *endurer une plaidoirie* qu'on n'écoute pas ; et autant vaudrait interrompre l'Avocat que de s'occuper de toute autre chose que de ce qu'il dit. Si l'Avocat n'est pas habile orateur ; s'il fatigue, s'il ennuie, c'est un malheur ; mais une audience n'est pas un spectacle où l'on ne doive prendre plaisir qu'au débit des bons acteurs ; ceux qui s'énoncent désagréablement n'en demandent pas moins justice ; le devoir des Juges est donc de les écouter, et non « *de se demander et raconter nouvelles et es-*

(1) On pouvait dire du Président de Lamoignon ce que Cicéron a dit de Muréna : *Sapiens Prætor, qualis is fuit, offensionem vitat æquabilitate decernendi ; benevolentiam adjungit, lenitate audiendi.* (Orat. pro Murend, n. **xx**.)

*battemens*, » au mépris de la Loi (1) qui le leur défend, au détriment des parties qui en souffrent, au regret du public qui en gémit, au déplaisir du barreau qui s'en plaint.

Le visage du Juge doit être aussi serein que sa conscience doit être pure. S'il lui est défendu de s'ouvrir légèrement de son opinion par des discours prématurés, il ne lui est pas plus permis de révéler sa pensée par des airs de tête et des jeux de physionomie : *Id enim non est constantis et recti judicis, cujus animi motum vultus detegit.* (*L.* 19, *ff. de Officio Præsidis.*)

Si la *patience* et l'*attention* sont nécessaires pour préparer un bon Arrêt, le soin que le Juge apporte à sa *rédaction* n'est pas moins nécessaire pour qu'en effet l'Arrêt soit bon. — « La chicane vaincue a encore ses ressources. A peine se voit-elle ac-

---

(1) Ordonnance de décembre 1320.

cablée sous le poids de l'équité, qu'elle pense déjà à réparer ses pertes et à relever les débris de son injustice. Il n'est rien que sa subtilité ne tente pour dérober au vainqueur tout le fruit de sa victoire ; et qui sait si elle n'osera pas porter ses vues sacriléges jusque sur l'oracle même, pour y glisser, s'il était possible, des termes obscurs, des expressions équivoques dont elle puisse se servir un jour pour en combattre la foi ou pour l'éluder ? — Efforts impuissans, artifices inutiles contre un Magistrat attentif ! *Il pèse toutes les paroles de son Jugement avec autant de religion qu'il a pesé son Jugement même ; et par cette dernière attention, il imprime, pour ainsi dire, le sceau de l'éternité sur tous les ouvrages de sa justice.* » (D'Aguesseau, tom. I, pag. 170, 14e Mercuriale, *de l'Attention.*)

L'obligation où sont aujourd'hui tous les Juges de motiver leurs décisions doit être une raison de plus pour eux d'en soigner la rédaction. Sans doute un Arrêt peut être juste dans son dispositif, quoique mal raisonné dans ses considérans; mais alors il a moins de poids que si, par un heureux enchaînement de propositions également claires et vraies, on trouvait dans les motifs même une démonstration irrécusable de la bonté du dispositif.

A ce sujet, rappelons qu'il y a deux manières de motiver un Arrêt : l'une infiniment simple, et qui se fait en *adoptant les motifs des premiers Juges* ; l'autre plus laborieuse, et qui consiste à donner à l'Arrêt une rédaction qui lui soit propre. Celle-ci s'emploie toujours lorsqu'on infirme; celle-là lorsqu'on confirme, à moins que les motifs donnés n'aient été combattus avec assez d'avantage pour montrer qu'ils soutiennent mal le dispositif. Entre ces deux formes, nous n'hésitons pas à donner la préférence à la seconde. Ce n'est pas que nous prétendions que jamais il soit arrivé que l'ennui de rédiger de nouveaux motifs ait porté les Magistrats à confirmer, par la formule *adoptant*, des Jugemens qui peut-être eussent dû être réformés, au moins à certains égards; mais il nous semble que, dans les lumières supérieures qui éclairent les Magistrats d'une Cour souveraine, il est impossible qu'on ne trouve pas toujours le moyen, sinon d'apporter de plus solides raisons que celles trouvées en première instance, au moins de donner à ces raisons adoptives une tournure nouvelle, qui, plus concise ou plus étendue, suivant les cas, leur donnerait un degré d'évidence de plus. Pour moi, je n'ai presque point vu de Jugemens qui, avec un peu de soin, n'eussent pu être rédigés *in meliùs*. Et d'ailleurs, la méthode à laquelle je donne ici la préférence aurait, si elle était généralement observée, l'avantage de dispenser de recourir à un premier Jugement (que souvent on n'a pas, ou dont on n'a qu'une copie ( illisible pour connaître les motifs d'un Arrêt dont on ne tient que le dispositif.

## SECTION XII.

*Comment un Arrêt peut être bon dans un sens et mauvais dans un autre.*

Nous mettons en avant une sorte de paradoxe qui cependant nous semble pouvoir être démontré : c'est qu'un mauvais Arrêt peut quelquefois être bon; c'est-à-dire mauvais pour la partie dont il a mal apprécié les droits en point de fait, et n'en être pas moins bien raisonné en point de droit. S'il est jamais arrivé qu'un Arrêt ait été accordé à la faveur ou à la haine, et que des Magistrats aient cédé à la peur ou à l'ambition, à coup sûr ils ont dû mettre tous leurs soins à ce que leur Arrêt, injuste au fond, fût si bien coloré dans les termes, si adroitement conçu dans toutes ses parties, que le public, étranger à l'affaire, ne s'en aperçût point : car, pour commettre une iniquité, il n'est pas besoin de faire violence au droit pour l'adapter au fait ; il suffit de changer le fait pour l'accommoder au droit qu'on veut établir.—Si une prescription de vingt ans est décidément acquise, et que pourtant on veuille favoriser celui contre qui elle milite, le Juge qui se sera laissé séduire ne sera pas imprudent au point de dire que, si le possesseur actuel a joui pendant si long-temps, il est bien juste que l'autre jouisse à son tour : mais il supposera, ou que ce possesseur n'a pas été de bonne foi, quoique rien ne prouve qu'il ait été constitué en mauvaise foi ; ou que son titre est vicieux, quoique de fait il ne soit entaché d'aucun vice. On conçoit très-bien qu'un Arrêt ainsi tourné présentera un *raisonnement exact en droit*, et n'en couvrira pas moins une *injustice en point de fait* ; et que si la partie injustement dépouillée a de bonnes raisons pour se plaindre, les arrêtistes et les Jurisconsultes n'en pourront pas moins raisonner avec sécurité sur un Arrêt où les principes paraissent avoir été appliqués avec justesse aux faits qu'il a déclarés constans, quoiqu'ils ne le fussent pas.

Il est facile de démontrer maintenant la proposition inverse, c'est-à-dire qu'un Arrêt juste au fond peut être mal raisonné dans ses termes. Prenons toujours pour exemple la prescription. Un fermier l'oppose à son maître pour se dispenser de lui rendre le bien dont celui-ci lui a fait bail ; Arrêt qui rejette cette prescription, et qui, en cela, juge bien. Mais, au lieu d'être motivé sur l'article 2236 du Code, portant que « ceux qui possèdent pour autrui ne prescrivent jamais par quelque laps de temps que ce soit, etc. ; » on le suppose motivé, 1° sur ce que celui qui invoque la prescription n'a joui que *neuf* années, tandis qu'il lui en aurait fallu *dix*; 2° sur ce que d'ailleurs la prescription est un moyen odieux et contraire au droit naturel : voilà, certes, un mauvais Arrêt; car des deux raisons qui le motivent, la première n'était pas applicable, et la seconde est en opposition avec la loi civile qui a admis la prescription. On conçoit donc qu'il ne sera pas possible d'argumenter de cet Arrêt dans d'autres espèces, quoiqu'au fond il ait bien jugé.

Il en faut dire autant des Arrêts qui renfermeraient une pétition de principe, c'est-à-dire qui décideraient la question par la question ; comme, par exemple, si ayant à examiner dans une affaire *s'il y a eu délégation parfaite*, l'Arrêt donnait pour tout motif : *Attendu qu'il y a eu délégation parfaite*, sans dire pourquoi ni comment (1).

Je ne sais même si un tel Arrêt ne devrait pas être cassé (2) ; car, en vérité, il n'y a aucune différence entre

______

(1) Cette espèce n'est pas une fiction ; l'Arrêt dont je parle a été rendu en ces termes. ( Voyez mes *Mémoires* imprimés , année 1813, p. 264. )

(2) Il l'a été en effet.

motiver ainsi un Arrêt, et ne le pas motiver du tout.

## SECTION XIII.

### *Des Arrêts d'équité.*

Il y a des Arrêts qu'on appelle d'*équité*.

Rien, en apparence, d'aussi louable et d'aussi bon : *Nam œquitas in omnibus quidem rebus, maximè tamen in jure spectanda est. L. 90, ff. de reg. jur.* Mais il n'y a rien où l'on soit si sujet à se tromper, et c'est ce qui m'engage à entrer sur cela dans quelques éclaircissemens (1).

Communément on entend par *équité* cette lueur de raison que la nature a répandue dans tous les esprits ; et l'on ne peut nier, en effet, qu'elle ne soit le fond de la saine Jurisprudence. Cependant ,

_______________

(1) J'emprunte ici quelques réflexions au P. Bouhier, dans ses *Observations sur la Coutume de Bourgogne.*

comme cette lueur pourrait dégénérer en illusion, et souvent même devenir arbitraire, suivant le caprice ou l'intérêt des hommes, les Législateurs ont senti le besoin d'en fixer les règles par des décisions réfléchies et méditées, qu'ils ont appelées *équité civile* (1).

Cette équité *civile* n'est pas toujours d'accord avec l'équité *naturelle*, et c'est dans le conflit qui paraît quelquefois s'élever entre elles que le Juge hésite, parce qu'il croit sa conscience en danger.

Prenons un exemple.

L'équité *naturelle* nous dicte que

_______________

(1) *Credo fuisse tempora aliquandò quæ solam et nudam justitiæ haberent æstimationem. Sed quoniam hæc ingeniis in diversum trahebatur, nec unquàm satis constitui poterat, quid oporteret; certa forma, ad quam viveremus, instituta est. Hanc illi auctores legum verbis complexi sunt; quam si mutare, et ad utilitates suas pervertere licet, omnis vis juris, omnis usus eripitur. Nam quid interest, nullæ sint, an incertæ leges?* QUINTILIAN. Declam. 264.)

tout possesseur de la chose d'autrui doit être forcé de la lui rendre, en quelque temps qu'elle lui soit demandée. Mais l'équité *civile* a sagement rectifié ce principe général. Le suivre sans restriction, ce serait tenir la propriété des choses éternellement en suspens, et par conséquent troubler la société. Il a donc été à propos d'y apporter ce tempérament, qu'au bout d'un certain nombre d'années le propriétaire serait censé avoir renoncé aux droits qu'il avait sur sa chose, et que le possesseur, soit qu'il fût en bonne ou mauvaise foi, ne pourrait plus être inquiété ni troublé dans sa jouissance.

Si quelque Juge s'avisait de mépriser ce règlement politique, sous prétexte que l'équité *naturelle* semble y résister ; il serait certainement injuste, non-seulement pour avoir contrevenu à la Loi, mais encore pour avoir enlevé au possesseur une chose dont il était devenu légitime propriétaire après le laps de temps prescrit : ce qui prouve que quand on nous ordonne de suivre l'équité, ce n'est pas toujours celle que nous inspire la nature et qui pourrait quelquefois nous abuser, mais, avant tout, celle qui est dirigée par les Lois. *In his quæ scripto palàm comprehensa sunt, etiamsi prædura* (1) *videantur, Judex à scripto recedere non potest. In his autem, quæ palàm scripto comprehensa non sunt, Judex spectare debet æquitatem;... Æquitas enim nihil aliud est, quam jus quod Lex scripta prætermisit.* (Cujacius, in tit. 1, lib. 2, *de Feudis.*)

C'est donc une espèce de prévarication de la part des Juges que de s'écarter de la résolution de la Loi *parce qu'elle n'est pas conforme aux idées qu'ils se sont faites de l'équité*; et c'est, par conséquent, une des choses contre lesquelles ils doivent être le plus en garde, d'autant mieux

---

(1) Il faut dire avec le Chancelier D'Aguesseau : *Dura lex, sed lex.*

qu'il n'y a rien à quoi ils se laissent plus volontiers aller, et par où les Avocats cherchent davantage à les éblouir; c'est une règle de leur rhétorique. *Plerumquè in fine causarum, de æquitate tractabitur, quia nihil libentiùs Judices audiunt.* (QUINTIL., Instit. Orat. lib. 7, cap. 1, *sub fine.*)

Et où en serait-on, s'il était permis aux Magistrats de préférer, en jugeant, ce qu'ils s'imaginent être le plus équitable, à ce qui est ordonné par le législateur ?

« Folle est la sagesse qui **veut se** montrer plus sage que la Loi, » disait d'Argentré, qui, apostrophant ensuite les Juges de ce caractère, les gourmandait en ces termes : « Pourquoi jugez-vous *la Loi*, vous qui n'êtes institués que pour juger *suivant elle ?* Vous imaginant être plus sages que les Lois, vous leur insultez, et vous roidissez vos prétendues consciences contre le Droit public. Ou cessez de juger, ou jugez selon les

Lois. *Stulta videtur sapientia quæ lege vult sapientior videri. — Cur de lege judicas, qui sedes ut secundùm legem judices ? — Plus sibi sapere visi, insultant legibus, et sibi conscientias architectantur contrà publicas leges. Aut igitur sedere desinant, aut secundùm leges judicent* (1). » (*Argentrœus*, in antiq. Consuet. Brit., § 323, *glos.* 1, *n.* 5., et in nov. Consuet., *art.* 627. Voyez aussi ses annotations sur l'art. 685, et principalement sur l'article 14 du titre *des appropriances.* )

D'Argentré n'est pas le seul qui se soit élevé contre cette manie de préférer à la règle toujours fixe de la Loi, les prestiges si souvent trompeurs de l'*équité*. Il n'y a rien de plus dangereux, rien de plus pernicieux (suivant le P. Favre), que de voir

---

(1) Ajoutons, pour quelques-uns, que saint Augustin (*de Verá Religione*, cap. 31) a dit aussi que *non licet judicibus de legibus judicare, sed secundùm ipsas.*

**

des Juges se moquer ouvertement des Lois, sous le vain prétexte d'une équité qu'ils se créent arbitrairement (1), et traiter de vaines subtilités les décisions des Papinien et des autres Pères de la Jurisprudence.

Dumoulin, si souvent opposé à d'Argentré, était ici du même sentiment, et se plaignait comme lui de la liberté qu'on prenait de pervertir le Droit à force d'équité : *Prætextu apparentis cujusdam, sed imperfectæ, et velut truncatæ æquitatis.* (Molinoeus, in antiq. Consuet. Paris., § 41, n. 86 et 87, *et passim.*)

« Tout sera donc incertain, arbitraire, dit un autre ; et sur quoi donc les Avocats fonderont-ils leurs consultations ? Sur quel fondement pourra se conduire celui qui voudra entreprendre un procès ? Il est aisé de voir en quelle absurdité l'on tombe-

---

(1) *Quam ideò non malè* CEREBRINAM *quidam vocarunt.* (Jurisprud. Papin. tit. 1, Princ. 2, illat. 2.)

rait, etc. » (BOUGUIER, *Préf. de ses Arréts.*) (1).

Ces inconvéniens qui ne sont que trop vrais, rappellent deux traits d'histoire assez singuliers sur le fait de cette prétendue équité. L'un est de Caligula, qui ne put imaginer de plus grande menace contre les Jurisconsultes de son temps, qu'en disant qu'il les forcerait à ne plus donner d'avis que selon l'équité, ce qui était la même chose que dire qu'il abolirait les Lois. *De Juris quoque consultis, quasi scientiæ eorum omnem usum aboliturus, sæpè jactavit, se, meherclè, effecturum, ne quid respondere possint* præter æquum (2). (SUETONE, in Calig. *cap.* 34.) — L'autre trait est celui des peuples de Savoie,

_______________

(1) *Adde* Guill. RANCHIN, *Variar. lect.*, lib. 2, *cap.* 3; LAROCHEFLAVIN, des Parlemens, liv. 9, chap. 19, n° 1.

(2) Dans la première édition de mon *Précis historique du Droit romain* (p. 57), j'ai mal interprété ce passage, trompé par une édition qui portait *præter eum*, au lieu de *præter æquum.*

qui, après avoir été conquis par François I^er, lui demandèrent par grâce de *n'être point jugés d'équité;* requête qui parut d'abord assez étrange, mais que dans la suite on trouva fort sensée quand on y eut fait réflexion, et qui peut-être donna lieu à cet ancien proverbe que CHARONDAS (*Responses, liv.* 4, *chap.* 77) nous assure avoir été autrefois en usage au Palais : *Dieu nous garde de l'équité du Parlement!*

« Mais à mon avis, dit le Président BOUHIER (*loco citato*), ce ne serait pas seulement aux peuples à faire cette demande : elle ne serait pas moins raisonnable dans la bouche des Magistrats eux-mêmes, pour peu qu'ils eussent de zèle pour la justice : car, comment un Juge qui aura la raison pour lui, pourra-t-il le persuader à un autre qui se sera entêté de quelque apparence d'équité? *Qui est-ce qui ne croit pas avoir autant de bon sens que son compagnon?* Qui est-ce aussi qui n'hésite pas quelquefois sur ce qui paraît juste ou injuste? Il est donc à propos, pour les Juges pleins de probité, d'avoir des Lois qui fixent leur incertitude, et qui lèvent en quelque manière le partage entre les avis différens. »—Car si la meilleure Loi est celle qui laisse le moins à l'arbitraire du Juge, le meilleur Juge aussi est à coup sûr celui qui s'en permet le moins : *Optima Lex est quæ minimùm relinquit arbitrio Judicis; optimus Judex qui minimùm sibi.* (BACON, Aphor. 8 et 46.)

Le danger, au surplus, est bien moins grand aujourd'hui qu'autrefois. On ne peut plus appréhender, avec BOUGUIER, que tout devienne *d'autant plus incertain, que les Conseillers des Cours souveraines ne sont sujets au jugement et à la correction de personne.* La Cour de cassation, qui ne juge jamais *par équité*, mais toujours et uniquement d'après *la Loi,* ne manquerait pas de casser tout Arrêt qui, dans une opposition apparente entre l'*équité naturelle* et la *Loi civile*, aurait négligé celle-ci pour n'écouter que celle-là.

## SECTION XIV.

### *Règles à observer dans la citation des Arrêts.*

L'écrivain qui rapporte un Arrêt est toujours moins embarrassé que l'Avocat qui le cite. L'un écrit sans contradiction, l'autre est sûr d'avance d'en éprouver une.

Cependant la vérité est une ; elle n'admet pas à la fois le pour et le contre ; et dans la nécessité où l'on est de s'arrêter à une opinion, il est des règles qui séparent la certitude de la simple probabilité.

Un mauvais raisonnement prend toujours sa source dans la mésintelligence des idées : on pose comme principe ce qui n'est souvent qu'une erreur ; ou d'un principe vrai on tire une conséquence inexacte, forcée; on regarde comme semblable ce qui est différent ; on confond ce qu'il faudrait distinguer, ou bien l'on distingue ce qu'il ne faudrait pas séparer ; il est des nuances qui échappent, des rapports qu'on saisit mal, des disparates dont on n'est point frappé.

C'est surtout ce qui arrive lorsqu'au lieu de raisonner d'après les principes, on argumente sur des exemples particuliers. Aveuglé par une prévention intéressée, celui qui analyse un Arrêt y voit toujours son espèce quand il lui est favorable, et n'y trouve plus aucune analogie avec sa cause quand il lui est contraire.

Tâchons donc d'établir quelques *règles sur la citation des Arrêts*, et sur les remarques qu'on y doit faire, soit pour les alléguer avec succès, soit pour les combattre avec avantage.

Première Règle : *Il ne faut citer les Arrêts qu'à défaut de Loi précise.*

S'il existe une Loi, à quoi peuvent servir des Arrêts? Ou ils sont conformes à ses dispositions, et leur allégation devient superflue ; ou ils en diffèrent en quelque chose, et là Loi doit l'emporter sur les exemples contraires. *Non exemplis sed Legibus judicandum est* (1).

Il en serait autrement si la Loi était obscure ou équivoque ; alors on conçoit que des Arrêts qui en auraient aplani les difficultés, expliqué les termes, développé l'esprit, seraient d'un secours proportionné à la solidité de leurs motifs. C'est en ce sens qu'un professeur moderne, assez entiché d'ailleurs de ses opinions individuelles, avoue cependant qu'*il est* FORT SATISFAIT *quand, après avoir établi un principe ou donné une solution, il peut l'appuyer du suffrage*

---

(1) Il peut cependant arriver que les Arrêts abrogent les Lois, sinon de droit, au moins de fait, et avec une force d'autorité qui finit par constituer un véritable droit. Voyez Bouhier, dans ses *Observations sur la Coutume de Bourgogne*, chap. XIII, n°s 48 et suiv.

*de quelque Cour, et surtout de la Cour de cassation.*

**IIᵉ Règle.** *S'il n'existe pas de loi qui décide nettement la question, on peut recourir aux Arrêts; mais avant de les citer, il faut les avoir vus tous.*

Si l'on néglige d'observer cette règle, il arrivera souvent que celui qui citera un Arrêt à l'audience, verra son adversaire lui en opposer d'autres qui paraîtront contraires, et auxquels il ne pourra pas répliquer faute de les avoir vus d'avance, et de s'être préparé à répondre sur toutes les circonstances propres à démontrer qu'ils ont jugé des espèces différentes, ou consacré d'autres principes que ceux dont il est maintenant question. *Quare, si adfertur Arresti alicujus auctoritas, facilè eliditur, si contrarium Arrestum opponatur, nisi fortè per posteriùs derogatum sit specialiter priori, atque eo viso et expenso, maturâ deliberatione contrà sit judicatum. Hinc fit,*

*ut* AD JUS CERTUM EX ARRESTIS CONSTI-
TUENDUM, OMNIA ARRESTA NOTA HA-
BERE OPORTEAT ; *quod quis præstare
potest , maximè cùm eâ in re fidem
alienam sequi necesse sit ? Aque indè fit, ut in magnos errores sæpè inci-
damus, quum uniùs aut alteriùs Arresti auctoritate exterriti, contra ar-
restorum contrariorum , quæ nobis
nota non erant, auctoritatem, aut
judicamus, aut consilium damus, et
sic in fraudem quamvis sine fraude
clientem impellimus.* HÉRAULT, *de
rer. judic. auct. Lib.* 2, c. 24, § 5,
*in Thes.* Otton., t. 2, p. 1274.

III<sup>e</sup> RÈGLE. *Il ne suffit pas de voir
tous les Arréts dans un seul arré-
tiste, il faut conférer les arrétistes
entre eux.*

L'un peut avoir omis une circons-
tance essentielle qu'un autre n'aura
pas négligée ; (1) celui-ci aura donné

______

(1) « Outre qu'il n'est pas nouveau de voir
les mêmes Arrêts rapportés par différens au-

plus d'étendue aux faits, celui-là plus de développement aux moyens; en les voyant tous, on profite de ce qu'il y a de bon dans chacun, et l'on est plus en état de faire valoir l'Arrêt s'il nous est propice, ou d'en conjurer l'influence s'il nous est désavantageux. Souvent même on trouvera la réfutation toute faite dans un auteur qui, ayant mieux examiné l'Arrêt, a pris soin de relever les fautes d'un rédacteur mal informé ou peu attentif. Par exemple, on trouve dans SIREY (*an* 1811, *pag.* 65, *Suppl.*) un Arrêt de la Cour d'Aix, du 5 août 1810, qui, en matière de divorce, admet une fin de non-recevoir contre le mari qui s'est d'abord contenté de demander la séparation de corps. M. TOULLIER, dans son *Cours de Droit français (tom.* 2, *pag.* 71, *n°* 710), cite aussi cet Ar-

teurs, *chacun selon son génie*, n'y ayant rien de plus commun et de plus fréquent dans nos livres. » (*Soëfve.*)

rêt ; mais il a soin de mettre en note :
« La Cour d'Aix a cru trouver les
motifs de sa décision dans la discussion au Conseil d'État ; mais, *en recourant aux sources* , il nous paraît qu'elle a tiré des conséquences
inexactes des passages cités. »— Par-là
le lecteur est averti de les vérifier ;
et en les méditant avec soin, il trouve
qu'en effet la décision de l'Arrêt est
fautive.

Dans une autre note, le même
auteur ( *t.* 5, *p.* 433, *n*° 430 ), s'ap-
puyant d'un Arrêt de la Cour de
Paris, faisait la remarque suivante :
« Cet Arrêt est encore rapporté par
Sirey, an 1812, 2ᵉ partie, pag. 35 ;
mais il en rend le sens d'une manière
*très-inexacte* , et qui pourrait in-
duire en erreur des lecteurs superficiels. La rubrique porte : *Il n'est
pas nécessaire ; à peine de nullité,
qu'un testament porte la mention
littérale qu'il a été lu en présence
des témoins ; il suffit que l'accom-
plissement de cette formalité résulte*

*de la contexture entière du testament.* Ce n'est point ce qu'a jugé l'Arrêt ; et s'il l'avait jugé, il serait mal rendu. On trouve *beaucoup d'autres inexactitudes* dans ce Recueil. »

La remarque est juste en ce qui touche l'Arrêt ; mais l'auteur a cru devoir mitiger la réflexion qui la termine, et après avoir fait *cartonner* (1) la page, il s'est contenté de remarquer que la question était posée *d'une manière peu exacte* dans le sommaire.... et a ajouté : « Ces *petites* inexactitudes échappent aux auteurs *les plus exacts,* et n'arrêtent que les esprits superficiels, *sans nuire à la bonté du Recueil.* »

Nous sommes aussi de ce dernier avis ; mais, quoique *la remarque* de M. Toullier ne *subsiste* qu'avec l'adoucissement qu'il y a apporté ; il n'en est pas moins prouvé, par

---

(1) Voilà pourquoi la première note ne se trouve pas dans tous les exemplaires.

***

cet exemple, qu'en fait de recherches, il est bon d'ouvrir plus d'un livre, et souvent plus d'une édition du même ouvrage.

IVᵉ Règle. *Quelquefois il ne suffit pas de compulser différens Recueils et de les conférer entre eux ; et la vérification d'un Arrét peut étre assez importante pour exiger qu'on recoure aux registres de la Cour à laquelle on l'attribue* (1).

Cette précaution serait inutile si jamais on n'avait *supposé* d'Arrêts ; mais il suffit que le fait soit arrivé pour qu'en *certains cas* où l'on aurait quelque motif de soupçonner une

______

(1) A plus forte raison il ne faut pas s'arrêter à de simples *extraits, fragmens* ou *abrégés*. Cette recommandation est du Chancelier Bacon : *Cavendum ab exemplorum* fragmentis et compendiis, atque integrum exemplum, et universus ejus processus *introspiciendus. Si enim incivile sit, nisi totá lege perspectá, de parte ejus judicare, multò magis hoc valere debet in exemplis, quæ ancipitis sunt usús, nisi valdè quadrent.* (Aphor. 26.)

telle supercherie, on recoure au seul moyen propre à la mettre au jour.

Dans une note curieuse sur l'ancien style du Parlement, Dumoulin assure qu'il est arrivé *souvent* qu'on faisait sortir du greffe des Arrêts que la Cour n'avait jamais rendus. UT SÆPÈ *acciderit, multa falsa Arresta exivisse quæ nunquàm Curia intellexit.* En 1549, le Conseil du Roi se vit obligé d'admettre à l'appel d'un *prétendu* Arrêt fabriqué par deux Conseillers. *Admissa à Rege appellatio à simili Arresto à duobus fabricato.* On connaît au Palais, dit toujours Dumoulin, des Magistrats notés pour des suppositions de ce genre, et j'en ai vu un qui, pris sur le fait, en soutint les reproches et ne sut pas rougir, tant il était accoutumé à de pareilles manœuvres. *Plures etiam vulgò in hoc Palatio noti et diffamati sunt : vidi unum in facie reprehensum nec negare, nec erubescere ; adeò, his malis assuetus, frontem perfricurat.* (Styl. Parlam.,

part. 3, tit. 17, n° 4, in notà mar-
ginali, pag. 179.)

On ne met pas au rang des Arrêts
supposés l'Arrêt burlesque que Despréaux (aidé de Racine et de Bernier,
de concert avec le greffier Dongois,
neveu de Despréaux) essaya de surprendre au Premier Président de
Lamoignon, au sujet d'Aristote. Ce
n'était là qu'un jeu d'esprit.

Mais on citera l'exemple d'une
supposition d'Arrêt trop sérieuse et
en même temps trop singulière pour
n'être pas signalée.

Dans une cause importante, évo-
quée du Parlement de Bordeaux à
celui de Toulouse, entre M. de
Brassier, Conseiller au premier de
ces Parlemens, et M. de Ségur,
Président à mortier en la même
Cour:

Il s'agissait de juger si M. de Ségur,
héritier bénéficiaire de son père,
pouvait, sans répudier sa succession,
obtenir la révocation de la vente
faite par ce dernier, du fonds dotal

de sa mère, aux auteurs de M. de Brassier.

M. de Brassier soutenait la négative, et son assertion était justifiée par les Lois romaines, par la jurisprudence de toutes les Cours, et par la décision de tous les auteurs. Il invoquait la maxime : *Quem de evictione tenet actio, eumdem agentem repellit exceptio.* Il opposait la Loi *Scimus* ( *Cod. de jure deliberendi*), la glose sur le mot *confundatur* de cette loi ; enfin l'avis de Brodeau sur Louet (Lettre *H, somm.* 13 ), du président Fabre (*Cod. livre.* 7, *titre.* 11, *déf.* 6) et du Président Boyer (*décision* 23, n° 17), etc.

Les gens d'affaires de M. de Ségur soutenaient l'affirmative, d'après un prétendu usage du Parlement de Bordeaux, attesté, disaient-ils, par Lapeirère (*lett. H,* n° 22), qui rapportait un Arrêt de cette Cour, du 14 juillet 1725.

M. de Brassier ayant prouvé que cet Arrêt n'était point contraire aux principes de la matière, et qu'il avait été rendu dans une espèce différente, les gens d'affaires de M. de Ségur remirent au rapporteur un nouveau Lapeirère, édition de 1725, avec une addition intitulée *Arrêts notables*, renfermant un Arrêt du 20 juillet 1725, qui paraissait avoir été rendu en la première chambre des enquêtes, au rapport de M. Le Comte, et avoir jugé l'affirmative de la question.

· Sur ce préjugé isolé, Arrêt du Parlement de Toulouse, du 12 avril 1726, qui ordonne « qu'avant dire droit sur les appels, lettres et requêtes, les parties seront plus amplement ouïes dans trois mois, dans lequel délai M. de Ségur rapportera un certificat des gens du Roi, et autres pièces, si bon lui semble, pour justifier que, suivant l'usage du Parlement de Bordeaux, l'héritier sous bénéfice d'inventaire peut révoquer l'aliénation de son bien faite par le défunt, sans répudier l'hérédité, et lorsqu'il se trouve dans l'hérédité de quoi se dédommager de l'aliénation, dépens réservés. »

M. de Brassier, instruit qu'il paraissait un nouveau Lapeirère, imprimé en 1725, qui avait motivé l'*Arrêt* interlocutoire du Parlement de Toulouse, s'empresse d'aller chez M. Le Comte, qui lui assure n'avoir fait rendre aucun Arrêt le 20 juillet 1725, et qu'il n'y en a d'autre que celui du 14 juillet de la même année ; M. le Président de Lavie et les autres Juges de la chambre lui assurent la même chose, et se plaignent hautement de la témérité qu'on a eue de donner au Public un Arrêt falsifié dans sa date et dans sa décision, pour appuyer une proposition erronée et contraire à l'usage.

On vérifie et l'on reconnaît que la prétendue édition de Lapeirère, de 1725, n'est autre chose que celle de 1717, avec un frontispice substitué, à la date de 1725, et treize nouvelles feuilles formant ce pré tendu Recueil d'Arrêts notables, où l'on avait altéré la décision de l'auteur, et falsifié l'Arrêt rendu au rapport de M. Le Comte.

La supercherie découverte, M. de Brassier somme les sieurs Charles et Labotière, imprimeurs à Bordeaux, de déclarer quelles sont les personnes qui leur ont donné ces faux Mémoires ; par quelles raisons ils ont mis à la tête de ce livre, et dans quelques exemplaires récemment *artisés*, qu'il a été imprimé en 1725, quoique la dernière impression soit de 1717 ; qui leur a permis cette impression, qui a examiné et approuvé ces Arrêts ; quelles personnes ont fourni aux frais de l'impression ; en quel temps ils ont commencé à y travailler ; et faute par ces imprimeurs de rendre raison du tout, M. de Brassier proteste de les poursuivre extraordinairement comme auteurs de cette falsification.

Les sieurs Charles et Labotière ayant gardé le silence sur cette interpellation, M. de Brassier en fit passer un extrait à M. le Garde-des-Sceaux, qui voulut seul connaître de cette affaire, et donna ordre à l'Intendant de Guienne de s'informer de la vérité de l'Arrêt cité dans l'addition postiche, et des autres faits relatifs à cette affaire singulière.

M. Le Comte et les autres juges rendirent hommage à la vérité. Les sieurs Charles et Labotière répondirent que la dernière impression de Lapeirère avait été conduite par le sieur Boudé, qui avait obtenu le privilége d'imprimer cet ouvrage en 1717, mais qu'il était mort.

Sur le rapport de l'Intendant, M. le garde-des-sceaux étouffa dans son principe cette affaire, qui pouvait avoir des suites fâcheuses. Il ordonna de retirer tous les exemplaires de la fausse addition, et de les faire brûler. Il en écrivit aussi à M. le premier Président, qui avertit les Avocats de ne faire aucun usage de ce Recueil d'Arrêts supposés, et de ne jamais les citer. (Prost de Royer, v° *Arrêts, p.* 661.)

Voici un autre exemple qui démontrera la nécessité de recourir aux sources, surtout dans les affaires majeures.

L'Université de Paris ayant dénoncé au Parlement, en 1644, la doctrine d'un Père Ayrault, « les jésuites, au rapport de M. Talon, ont *appréhendé la justice du Parlement;* et bien qu'il soit établi pour rendre la justice aux sujets du Roi également, que les ecclésiastiques et tous les religieux du royaume subissent sa jurisdiction, *les jésuites ont cherché grâce et faveur à la Cour :* ils ont mieux aimé être jugés dans le *Cabinet* de la reine, que dans la *Grand' chambre* du parlement. »—La reine manda les Présidens et les gens du Roi, pour leur apprendre que l'affaire avait été terminée par un Arrêt de son conseil, et M. le Chancelier voulut que les gens du Roi en rendissent compte au Parlement. « Je demandai à M. le

Chancelier ( poursuit M. Talon ), qu'il lui plût nous donner l'Arrêt du conseil pour le voir et le porter à la compagnie. M. le Chancelier nous dit qu'il en avait envoyé la copie à M. le Procureur général, et *que cela suffisait.* J'insistai au contraire, m'imaginant qu'une copie n'était pas suffisante ; *que l'original ne serait pas trop bon ;* qu'il était sans exemple de persuader au Parlement qu'une affaire fût terminée par un Arrêt du conseil, duquel nous ne ferions voir que la copie. — Enfin, après plusieurs discours, M. le Chancelier dit qu'il n'était pas difficile d'avoir en grosse l'Arrêt du conseil, qu'il le ferait expédier par M. le comte de Brienne, secrétaire d'État, et ensuite il dit qu'il en parlerait à M. le duc d'Orléans...... De sorte qu'il était vrai de dire que, lorsqu'il nous parlait, il n'y avait point encore d'Arrêt expédié ; et que, si nous eussions suivi ses ordres, nous eussions porté au parlement *la copie d'un Arrêt qui n'était point.* » ( Mémoires de Talon, *tome* 3 , *p.* 262 et 264.)

Il suffit que ces sortes de supercheries aient été pratiquées quelquefois, pour qu'il soit toujours utile de se prémunir contre la possibilité de les voir se reproduire.

V<sup>e</sup> Règle. *En cas de dissidence entre les divers arrétistes, il faut faire attention si l'un d'eux n'était pas ou Avocat, ou Juge dans la cause, et s'il n'y a pas quelque autre raison qui décide de la préférence entre eux.*

Un Magistrat qui recueille les Arrêts de sa Cour, un officier du ministère public qui rapporte l'Arrêt rendu à la suite de ses conclusions, un Avocat qui rend compte de ce qui a été jugé sur sa plaidoirie, est, à coup sûr, mieux instruit que tout autre, soit des faits, soit des moyens sur lesquels l'Arrêt est intervenu. Son témoignage est donc préférable à celui des autres arrêtistes, qui, le plus souvent, n'en ont parlé que d'après ce qu'il en avait d'abord dit.

Ceci néanmoins souffre exception dans les cas où, l'Arrêt ayant passé contre l'avis, les conclusions ou la plaidoirie de l'Arrêtiste, on aurait quelque bonne raison de croire que, par un attachement trop vif à sa première opinion, il a affaibli les moyens qui avaient prévalu, pour conserver plus de force à ceux que l'Arrêt n'a point accueillis.

Nous n'avons pas toujours la modestie, la bonne foi ou la résignation de nous ranger à l'autorité d'un Arrêt qui a jugé contre notre sentiment.

VI<sup>e</sup> Règle. *Entre plusieurs Arréts, préférer ceux de cassation, à moins qu'il n'apparaisse que la Cour s'est trompée, ou que sa Jurisprudence n'est pas encore bien fixée.*

Régulièrement, on doit préférer l'Arrêt qui casse à celui qui est cassé, par une bonne raison : c'est que l'Arrêt qui jugerait comme le premier serait probablement cassé de même. Ainsi, lorsqu'une question a déjà été jugée par la Cour de cassation, et qu'elle se présente de nouveau, s'il y a vraiment identité dans les espèces, s'il n'existe pas dans les circonstances du procès de nuances capables de motiver une différence dans l'application de la Loi, on peut d'avance présumer qu'elle sera jugée dans le même sens.

Mais, quoique cela soit vrai en général, cependant ce pronostic n'est pas toujours infaillible ; la Cour de cassation est quelquefois revenue sur ses premiers Arrêts ; et en cela, loin d'avoir fait preuve d'une versatilité dangereuse, elle a seulement montré que, fidèle au principe de son institution, elle ne sacrifiait pas à d'autre idole que la Loi, et qu'elle n'hésitait pas à lui immoler, au besoin, sa propre jurisprudence (1).

_______________

(1) — « Si l'on était toujours demeuré aux

Ainsi, nous ne prétendons pas qu'on doive préférer l'autorité à la doctrine. Mais, sans exclure le droit sacré de démontrer que l'Arrêt le plus puissant n'est pas toujours le plus juste (1), nous croyons pouvoir établir qu'en fait de *Jurisprudence*, le préjugé le plus fort, le plus raisonnable, le plus souvent justifié par l'événement, est celui qui résulte des *Arrêts de cassation.*

**VII<sup>e</sup> Règle.** *A défaut d'Arrêt de Cassation, on invoque les Arrêts des Cours d'appel.*

Nous disons toujours, *à défaut d'Arrêts de Cassation,* car des Arrêts

---

termes des premiers Arrêts, notre jurisprudence n'aurait pas si heureusement changé qu'elle a fait en plusieurs circonstances. Ce changement procède ou de ce qu'on cherche mieux les principes, ou de ce que l'étude et l'expérience nous donnent de nouvelles lumières, etc. » ( HENRYS, *t.* 2, *p.* 748. )

(1) « Quelque respect que l'on doive avoir pour les Jugemens des Tribunaux supérieurs, il ne serait pas raisonnable qu'ils gênassent la

qui ne jugent jamais qu'*en Droit et en Loi* établissent une Jurisprudence bien plus pure que des Arrêts qui n'ont souvent pour considérant que la formule : *Attendu ce qui résulte des faits et des circonstances de la cause.*

Mais quoiqu'à ce titre les Arrêts de Cassation méritent la préférence que nous leur avons assignée, il n'en faut pas conclure qu'il n'y ait de *Jurisprudence* qu'autant qu'elle est établie sur des Arrêts de cette Cour.

Les Arrêts des Cours royales se font également remarquer par la sagesse de leurs dispositions et la profondeur de leurs motifs. Très-fréquemment la Cour de cassation est réduite à ne prononcer que des rejets, et à proclamer que les Arrêts qui lui sont déférés n'ont fait qu'une juste application de la Loi.

---

conscience des Juges quand la même question se présente de nouveau. » *Observations* du P. Bouhier, *sur la Coutume de Bourgogne*, chap. 13, n. 49.

Soumettons-nous donc aussi à l'autorité de ces Arrêts, et plaisons-nous à reconnaître que, s'ils ne dispensent pas toujours de recourir aux sources, ils ne laissent ordinairement que la satisfaction de voir que la doctrine qu'ils consacrent y a été puisée avec discernement, et que l'intelligence la plus exacte du droit s'y trouve unie à une connaissance éclairée des maximes de l'équité.

VIII<sup>e</sup> RÈGLE. *Il ne suffit pas de citer un seul Arrêt pour en inférer qu'il y a Jurisprudence* (1).

Sans doute dix Arrêts uniformes ne valent pas mieux qu'un seul : mais

---

(1) Un jugement unique ne fait point Loi. PITHOU, cité par GROSLEY, dans ses *Recherches sur la Noblesse de Champagne*, p. 238. Il y avait autrefois une exception à cette maxime, pour les *Arrêts de Réglement* donnés *Consultis classibus*. Ces Arrêts ayant précisément pour objet de fixer l'usage, sur un point controversé, chacun d'eux faisait Loi par lui-même. BOUHIER, *Observ. sur la Cout. de Bourg.* chap. 13, n. 51 et suiv. — Cette

on ne peut nier que le préjugé qui résulte d'un Arrêt *solitaire* ne peut jamais être aussi fort que celui qui s'attache à une suite d'Arrêts constamment rendus dans le même sens, par la même Cour ou par plusieurs.

Le caractère propre de ce qu'on est convenu d'appeler *Jurisprudence* est de reposer, non sur des exemples uniques, mais sur une continuité d'exemples uniformes : *Ex rebus judicatis extitit jus illud quod dicitur moribus constitutum*, SED EX REBUS PERPETUÒ SIMILITER JUDICATIS. *Nam ubi contraria inveniuntur decreta, ubi modo hoc, modo illo judicatum reperitur ; nihil ex eo certè constitui potest, nec potest jus ex eo formari*, etc. (HERAULT, *de Rer. judicat. auctor. lib.* 2, *c.* 1, *n.* 6, in Thesaur. Otton. t. 2, p. 1151.)

Il ne faut cependant pas prendre à la lettre ces mots *perpetuò similiter*, quoique ce soient ceux de la

___

exception n'a plus lieu aujourd'hui ; Code civil, *art.* 5.

loi 38 *ff. de legibus*. Il faut les en-tendre en ce sens, qu'il suffit que pendant long-temps la Jurisprudence ait été uniforme sur un même point. Cette interprétation est même fondée sur une autre Loi, qui porte que la coutume peut être prouvée par des jugemens, pourvu qu'ils aient été *fréquemment* rendus sur une même matière et d'une façon uniforme. *Probatis his, quæ* frequenter *in eo-dem controversiarum genere servata sunt*, L. 1. Cod. *quæ sit longa con-suetudo*.

IX<sup>e</sup> Règle. *Il faut que celui qui invoque un Arrêt prouve l'identité des espèces ; celui qui nie que l'Arrêt soit applicable, doit en faire res-sortir les différences.*

Ici reviennent quelques-unes de nos précédentes remarques :

1° *Sur la différence des temps :* Par exemple, ce qui a été jugé sous la Loi du 11 brumaire an 7 peut n'être pas applicable à ce qui est à juger sous le Code de Procédure, etc.

2° *Sur la différence des lieux :* Quand on peut prouver qu'un Arrêt est fondé sur usage *local*, sur un statut *réel*, etc.

3° *Sur la différence des personnes:* Les Arrêts rendus dans la cause d'un mineur ou d'une femme mariée, etc., s'ils sont motivés sur des considérations prises de la qualité *privilégiée* de ces personnes, ne pourront pas s'appliquer à des majeurs, à des veuves que rien ne soustrait à l'empire du *Droit commun.*

4° *Sur la différence des matières :* Les Arrêts rendus en matière fiscale, par exemple, dans les affaires de la Régie de l'Enregistrement, ne peuvent pas être étendus aux matières ordinaires.

5° *Sur la force ou la faiblesse des motifs.* — « Notre premier but, en consultant les Recueils d'Arrêts, est surtout d'y trouver une décision sur une question qui nous paraît douteuse comme Juge, ou d'y chercher une autorité qui puisse faire valoir une opinion que nous avons intérêt de faire réussir si nous avons le malheur d'être partie : mais nos doutes ne seront jamais entièrement dissipés, ou nous ne serons pas en état de nous servir avec avantage de cette autorité, si nous ne faisons autant (1) d'attention *au motif* du jugement qu'aux dispositions mêmes qu'il contient. » (*De l'Utilité des Recueils d'Arrêts*, par M***, Conseiller en la quatrième Chambre des Enquêtes.)

6° *Sur les circonstances particulières* : C'est ici surtout que s'établit le siége du combat entre celui qui cite et celui qui repousse un Arrêt, et que l'un met autant d'efforts à établir des rapprochemens

---

(1) *Illud Ciceronis objicere soleo, non exempla majorum quærenda esse, sed consilium eorum à quo exempla nata sunt.* CORASIUS, *ad. L. 25, ff. de stat. homin.*

Voyez ce que nous avons dit ci-dessus *sur les motifs des Arrêts*, p. 113 et suiv.

14

entre les espèces, que l'autre à faire ressortir les points de dissemblance.

En abordant cette difficulté, chaque arrêtiste se dit avec BOUGUIER : « Je sçay bien, et j'oy desjà quelques-uns me dire que ceste science des Arrests est fort douteuse, *quia nullum simile idem*, et qu'ils sont donnés sur des faits particuliers, etc. »

On rappelle l'anecdote du Président de Thou, racontée par PASQUIER. Celui-ci, dans sa quinzième Lettre à Robert, *loue la diligence avec laquelle* cet Avocat *a doctement et judicieusement déduit le pour et le contre des parties avant que d'insérer les Arréts* dans son Recueil ; mais, tout en faisant l'éloge de ces *guidons de pratique*, il objecte à l'auteur la maxime *nullum simile idem, atque adeò non exemplis sed legibus judicandum est*, et il ajoute : « Ce fut la cause pour laquelle notre bon et sage premier Président de Thou, quand un Avocat plaidant se prévalait d'un Arrest donné en cas semblable, au profit de quelqu'un, avait accoutumé de dire, *Bon pour lui* (1), et commandait que, sans s'arrêter à cela, l'Avocat deffendist sa cause pour bonnes et valables raisons ; sentence qui ne mérite pas d'estre moins trompettée que le *cui bono* du vieux Jurisconsulte Cassius (2), tant solemnisé par Cicéron, dans ses Plaidoyers. ( *Tome* 2, *p.* 578. )

(1) De là s'est formé l'adage : *Les Arrêts sont bons..... pour ceux qui les obtiennent.*

(2) Cujas n'aimait pas non plus les Arrêts, à en juger par ce qu'il dit dans ses *Paratit. Cod. liv.* VIII, *tit.* 45, *de sent. et interloc.*, que ce sont des *conjectures de Droit*, dont les Praticiens de mauvaise foi se servent pour surprendre les Juges, renverser les principes, et éluder la disposition des Lois. A moins qu'on n'aime mieux croire qu'il ne s'exprime ainsi que pour amener la citation de ce passage, qu'il attribue à saint Cyprien : *Callidi argumentatores et juris periti fallaces qui dum cupiunt prœvaricari, controversias actionesque causarum etiam ipsa jura transvertunt, et cum nolunt competentibus coerceri jussionibus legum, ad illudendos judices inconvenientibus exemplis,* velut similes conjecturas juris objiciunt. ( Adde, MÉMOIRES DU CLERGÉ, *t.* 7, *p.* 1552. )

Ceux-mêmes qui se montrent moins prévenus que Pasquier contre les Arrêts ne se dissimulent pas combien l'usage en est épineux.

Le judicieux commentateur de notre coutume de Nivernois avoue que « l'autorité des Arrêts est grande et a force de loi ; mais (ajoute-t-il), parce que les Arrêts se donnent sur les négoces particuliers des litigateurs èsquels ordinairement se trouvent plusieurs circonstances, dont aucunes ont pu mouvoir la Cour,.... il semblerait fort périlleux d'en faire une Loi précise, nécessaire et générale. » (COQUILLE, *Quest. et Rép. sur les art. des Cout. Quest.* 129, *l.* 2, *part.* 2, *p.* 209, *col.* 2, *édit. de* 1703.)

LOYSEAU, ce modeste auteur du plus profond de nos traités, s'exprime aussi là-dessus avec cette bonhomie qu'on retrouve seulement dans nos vieux auteurs français. Après avoir résolu une question difficile, il termine de la manière qui suit :....

« C'est ce qui se peut dire de part et d'autre sur cette question ambiguë, outre que *de chaque côté* on cite plusieurs Arrêts que j'obmets expressément ; car j'ai résolu de n'en point alléguer dans cet œuvre , que je désire plutôt munir de raisons que d'authorités : non que je ne fasse très-grand estat des Arrests des Cours souveraines , notamment de *l'auguste Parlement de Paris , premier Sénat du monde , près duquel j'ai eu cet honneur d'avoir été nourri de père en fils;* mais pour ce que , révérant les Arrêts comme oracles . je crains de les citer en vain, estant *trop jeune pour en avoir beaucoup ouy , et d'ailleurs ne les osant alléguer sur le récit d'autruy,* pour ce que le plus souvent il y a *tant de particularités et tant de circonstances aux faits* sur lesquels ils interviennent , qu'il est mal aisé , sur le simple récit d'iceux, d'y pouvoir reconnaître l'intention de la Cour, et encore plus d'en tirer des maximes et décisions

★ ★

générales , *modica quippè facti dif-
ferentia magnam inducit juris diversitatem.* » (Loyseau , *du Déguer-
pissement* , livre 2 , chapitre 7 ,
n° 15.)

On trouve dans les *Responses du
Droit français de* Charondas (*liv.* 12,
*resp.* 53) un *Discours sur un Arrét
de la Cour de Parlement, et Observation sur ce qu'il faut remarquer
aux Arréts des Cours souveraines
pour les tirer à conséquence.* L'auteur
rapporte l'espèce de cet Arrêt, qu'il
montre avoir été rendu dans des circonstances effectivement très-parti-
culières, et il fait les réflexions suivantes : « Certainement quelquefois
les Cours souveraines , en leurs
Arrêts, se fondent sur des *particulières circonstances et singulières considérations qu'il ne faut toujours tirer
en conséquence*, comme si c'étaient
Arrêts généraux ; encore que telles
considérations particulières soient
aidées de raisons justes et équitables. »
— Ces réflexions sont aussi les nôtres,

et deviendront probablement celles du lecteur.

X*e* Règle. *S'il n'existe pas entre les espèces de différence capable d'écarter toute application de l'Arrêt, on peut, pour en augmenter l'influence, relever toutes les circonstances capables d'ajouter du poids à sa décision.*

Par exemple :

1° *Le nom de l'Avocat* qui a plaidé la cause, quand c'est un homme d'une grande réputation pour son savoir ou pour son éloquence ;

2° *Le nom de l'Avocat général* qui a porté la parole, si ce Magistrat s'est acquis une haute renommée dans l'exercice de ses fonctions ;

3° *Le nom d'un Président* célèbre par sa droiture, sa science, son impartialité, la patience et l'attention soutenue qu'il donne aux affaires, le soin qu'il met à la rédaction de ses Arrêts ;

4° Si l'Arrêt a été rendu *consultis*

*classibus*, ce que nous appelons *en audience solennelle*, et ce qu'on nommait autrefois Arrêt *en robes rouges* : car ce qu'on a dit plaisamment, que *la couleur n'y fait rien*, n'empêche pas qu'un Arrêt rendu par un plus grand nombre de Magistrats, sur des plaidoiries plus soigneusement préparées, et quelquefois encore après un long délibéré, ne soit un Arrêt préférable à une décision dépouillée de toutes ces solennités.

Remarquons néanmoins que les Arrêts qui se prononcent aujourd'hui *en robes rouges* ne ressemblent pas à ceux qui, autrefois, se donnaient en cette forme. Aujourd'hui un Arrêt de cette espèce, quoique rendu avec solennité, n'est toujours, et ne peut pas être autre chose qu'un Arrêt particulier. (*Code civil, art.* 5.) Souvent il ne juge pas de question de droit ; il n'apprécie que des faits de séparation, de dol ou de fraude, etc., et ne tire nullement à conséquence pour les autres affaires du même genre, où les faits n'ont plus la même gravité, ou bien en ont davantage. Autrefois, au contraire, « on faisait choix des Arrests qui se prononçaient en *robes rouges, solemnellement*, comme estans des Arrests que la Cour choisissait et recognaissait *devoir faire Loy pour la résolution des questions jugées par iceux.* »

MONTHOLON, d'après lequel nous parlons, et qui a recueilli les Arrêts prononcés en *robes rouges* au Parlement de Paris, nous apprend pourquoi ces Arrêts étaient si *célèbrement prononcés.* « La Cour ne veut pas (dit-il) que l'on abuse des Arrêts, et que l'on prenne tel Arrêt qui aura été donné sur une hypothèse et question particulière, sur quelques circonstances, ou *sur ce qui était de faict entre les parties*, pour des résolutions généralles, et dont il se faille servir en toutes occurences, encore qu'il semble qu'elles soient pareilles, parce que l'on ne sçait pas les particularités du procès , et que l'on s'y pourrait tromper. Elle faict choix des Arrests qui ont vuidé et décidé les questions qui se pourraient rencontrer au faict desdits Arrests, et pour cela l'on les appelle *Arrests généraux*; et souvent après la prononciation d'iceux, Messieurs les Présidens qui les prononcent nous advertissent de ce que nous devons apprendre de l'Arrest qui a esté prononcé, et quelle maxime a esté jugée, quelle question, quelle difficulté : ce que nous sçavons tous avoir esté soigneusement observé par feu Monsieur le premier Président DE HARLAY , et à présent fort particulièrement par Monsieur le premier Président DE VERDUN , et entre autres de Messieurs les autres Présidens, par Monsieur le président SÉGUIER. »

5° *La célébrité d'une Cour* ajoute un poids infini à ses Arrêts : car quoique toutes soient égales en pouvoir, quoique toutes aient des droits égaux à à nos respects, cependant on ne peut empêcher que l'opinion n'attache plus de crédit à telle Cour qu'à telle autre. — Qu'un Magistrat, d'un nom révéré au Palais depuis plusieurs siècles, occupe le même siége que ses aïeux ont rempli avec tant de gloire ; que, par son application et sa suffisance aux affaires, il ajoute à l'honneur et à l'éclat de sa naissance tout le poids de son mérite personnel ; qu'à ses côtés soient des hommes également recommandables, les uns par une longue habitude de leurs fonctions, d'autres par une expérience prématurée, tous par leur amour pour la justice et le bien public ; qu'une telle Cour habite au centre de l'Empire (1), entourée des lumières que répand sans cesse autour d'elle un Barreau nombreux, dont les membres, zélés pour la prospérité de leur État, « s'efforcent de

_______________

(1) *Attamen, non tam spectandum quid Romæ factum est, quàm quid fieri debeat.* L. 32, ff. de Legibus.

conserver à leur ORDRE le rang et l'honneur que nos ancêtres lui ont acquis par leur mérite et leurs travaux » : cette Cour, disons-nous, n'a-t-elle pas tout ce qu'il faut pour concilier à ses Arrêts la vénération et les hommages publics ?

6° *D'autres Cours* peuvent aussi, indépendamment du rang qu'elles occupent dans l'opinion générale, concilier à leurs Arrêts un genre de crédit particulier, fondé sur ce que dans telle province, la nature du sol, les produits de l'industrie, le genre de commerce, les mœurs des habitans, donnent à croire que les mêmes questions, plus souvent présentées, y ont été mieux approfondies. Ainsi, pour les matières de Droit romain, les Cours des ci-devant pays de Droit écrit ; pour les affaires de commerce, certaines villes, telles que Lyon, Bordeaux, Rouen, semblent mériter la préférence.

Enfin, il est du devoir de l'écrivain qui recueille un Arrêt, comme de l'habileté de l'Avocat qui le cite, de rassembler et de faire ressortir toutes les circonstances propres à fixer l'opinion sur le plus ou moins de confiance que mérite cet Arrêt, et sur les points caractéristiques de l'espèce qu'il a jugée, afin qu'on puisse aisément voir si cette espèce est conforme ou opposée à celle qu'on présente comme analogue.

**XI^e Règle.** *Quand il existe des Arrêts contraires, il faut les concilier s'il se peut, ou montrer quels sont ceux qui ont le mieux jugé.*

Nous avons déjà remarqué qu'il devait y avoir moins de contrariété aujourd'hui qu'autrefois dans la Jurisprudence, et nous en avons assigné, pour causes principales, l'uniformité de Loi qui avait remplacé la bigarrure de nos anciennes coutumes, et l'institution d'une Cour suprême chargée de ramener toutes les autres à l'observation de la Loi. Mais cela n'empêche pas que, sur beaucoup de points, il n'existe des Arrêts contraires, rendus par des Cours différentes, ou encore par les diverses chambres d'une même Cour.

Si la contrariété est manifeste, « N'y a autre chose à dire, sinon que les hommes se reluctent souvent en jugemens et opinions, et qu'en une mesme Cour, et sous mesme couvert, telle chose se voit. » ( PAPON, *Prologue de ses Arréts.* )

Mais si la contrariété n'est qu'apparente, on la fait disparaître en relevant toutes les circonstances qui différencient les espèces, et qui peuvent expliquer la diversité des décisions.

Que si l'on en est absolument réduit à opter entre deux Arrêts contraires, on n'a plus de ressource qu'en prouvant que l'un vaut mieux que l'autre. Si, par exemple, on cite un Arrêt de la Cour de.... et qu'il en existe un autre de la même Cour qui ait jugé en sens inverse, l'Avocat essaiera de démontrer que le dernier est préférable, parce que la Cour a reconnu elle-même la nécessité d'abandonner sa Jurisprudence pour s'en faire une meilleure : car « le temps ameine souvent nouvelles raisons, ou bien descouvre la vraie intelligence des douptes, et lors est nécessaire juger autrement, et au contraire de ce qui a été jugé. » Papon, *ibidem.* )

Souvent, en pareille occurence, une Cour a ordonné qu'*elle verrait les Arrêts*, c'est-à-dire les registres, pour s'assurer qu'en jugeant elle ne se mettrait pas en opposition avec sa propre Jurisprudence. ( *Voy.* Brillon, verbo *Caution*, n°. 300; et *Communauté*, n° 8. )

Quelquefois, en citant un Arrêt, on relève avec empressement qu'il a été rendu sur la plaidoirie même de l'Avocat à qui on l'oppose, et qui par là se trouve dans une position difficile. Il doit alors se servir de la connaissance plus particulière qu'il a des circonstances de cet Arrêt, pour en fixer le vrai sens et en détourner l'Application. C'est ainsi que s'en tira Cochin, dans la cause du Duc de Virtemberg-Montbelliard (*tome 5 de ses OEuvres, p.* 493, à l'endroit indiqué en marge par ce singulier sommaire : *Façon de se servir d'un Arrét rendu contre son propre sentiment.*)

## CONCLUSION.

De tout ce que nous venons de dire sur les Arrêts, on peut conclure que l'étude des Arrêtistes est non-seulement utile, mais nécessaire à l'Avocat ; qu'il doit cependant se défier de tout ce qui ne peut être appuyé que par leur autorité ; que la Jurisprudence constante des *Arréts* a force de Loi, mais qu'elle ne se forme que par une longue *suite d'Arréts*, qui, dans tous les temps, ont décidé un point de droit de la même manière, malgré la diversité des circonstances ; qu'il est très-avantageux de pouvoir s'appuyer sur des *Arrêts* rendus en pareil cas , mais qu'ils ne forment que des préjugés , et non des moyens ; que les préjugés confirment toujours les principes , les expliquent quelquefois , et ne les détruisent jamais : en sorte que , quand on est fondé à réclamer les vraies maximes , il n'est ni téméraire ni indécent de remettre en question ce qui paraît avoir été le plus formellement décidé entre d'autres parties.

★★★

# SECTION ADDITIONNELLE.

*De la Publicité et de l'Impression des Arrêts.*

LES Arrêts sont-ils des actes publics ou secrets? Est-il permis ou défendu à l'Imprimerie de s'en emparer? — Ces questions jusqu'ici n'avaient point paru douteuses, et je n'aurais pas songé à les traiter, si elles n'eussent été récemment agitées devant les Tribunaux.

A la suite du volume intitulé : *Procès fait aux chansons de Béranger*, l'éditeur avait fait imprimer, sous le titre de *Pièces justificatives*, les *Réquisitoires* du ministère public, *l'Ordonnance* de la Chambre du conseil, et L'ARRÊT de la Chambre d'accusation qui avait renvoyé l'affaire devant la Cour d'assises.

On crut voir dans la publication de cet arrêt, (qui, en conformité de l'article 15 de la loi du 26 mai 1819,

contenait les couplets incriminés ,)
une *réimpression* de l'écrit condamné,
une sorte de récidive , qui , dès lors ,
suivant l'article 27 de la même loi ,
eût entraîné le maximum de la peine,
sans rémission ni modération.

Je défendais Béranger , en disant
qu'il avait publié textuellement et
dans son entier l'arrêt de la Cour ,
sans y changer un seul mot ; et que la
publication, toujours permise , d'un
arrêt de Cour souveraine , ne pouvait
pas être assimilée à la réimpression
prohibée d'un écrit condamné , encore bien que cet arrêt contînt des
passages condamnés en effet.

Mon intention n'est pas de reproduire ici tout ce que j'ai dit à l'audience pour la défense de Béranger;
mais je veux seulement indiquer quelques - uns des principaux motifs que
j'ai allégués , *en point de droit* , pour
justifier cette publication.

En thèse générale , la publicité des
actes de l'Autorité, loin de présenter
aucun danger, n'offre que des avantages. L'Autorité est instituée pour
éclairer les citoyens , pour les diriger.

les instruire, et leur enseigner ce qu'il leur est permis de faire ou défendu de pratiquer.

De tels actes ne peuvent donc être trop répandus parmi les citoyens.

Ainsi, en prenant pour exemple les actes les plus solennels, les lois, il est si peu défendu de les publier, qu'il est de règle, au contraire, qu'elles n'obligent qu'autant qu'elles ont été *promulguées* ; et, comme après cette promulgation, personne n'est recevable à prétendre qu'il les a ignorées, il est clair que le législateur n'a dû interdire aucun moyen de les faire connaître et de les divulguer.

Cette publicité qui est de l'essence des lois, des ordonnances et des arrêtés de l'administration publique, doit exister également pour les arrêts des Cours souveraines ; et il est aisé de le démontrer par les principes comme par les faits.

C'est une maxime qui nous est venue de l'ancien Palais, que *tout arrêt lu à l'audience appartient au public.*

Aussi voyons-nous que, de toute ancienneté, les écrivains ont été en possession de publier, d'imprimer et de commenter les *Arrêts*.

Nous avons montré (ci-devant, pages 76 et 77), à quel point les *Collections d'arrêts* étaient multipliées sous l'ancien régime, et nous ne voyons pas que jamais ce genre de publication ait été entravé.

Objectera-t-on que les Collections que nous avons citées ne renferment que des arrêts *en matière civile ?* — Mais quelle serait donc la raison de différence ? — On peut voir de l'inconvénient à publier les secrets d'une famille, à l'occasion d'un procès en nullité de mariage, en séparation de corps, en désaveu de paternité ; ou dans une cause fondée sur des faits de dol et de fraude, de captation et de suggestion : et toutefois cet inconvénient n'a jamais paru assez grave pour contrebalancer l'avantage de faire connaître des décisions qui fournissent des précédens aux jurisconsultes, dans les causes semblables, et méritent, par leur sagesse, de suppléer au silence ou à l'obscurité des lois. — Mais ce résultat est-il donc comparable à celui qu'on obtient par la publicité des arrêts en matière criminelle, soit sous le rapport des garanties sociales , soit à cause de *l'exemple ?*

Il est aisé d'ailleurs de prouver, en point de fait, que l'on a toujours librement usé du droit de publier les *procès criminels*, aussi bien que les espèces des arrêts en matière civile.

Sans rappeler ici le *procès de Calas*, qui a exercé tant de plumes généreuses ; celui des *Trois Roués*, dans lequel un magistrat courageux s'est acquis une gloire immortelle par son infatigable ardeur à demander justice de la justice même ; qui ne connaît le recueil général des *Causes célèbres ?* qui ne sait également qu'une foule de *procès criminels* ont été imprimés et publiés séparément, avec toutes les procédures et les arrêts intervenus à la suite ?

De ce nombre est le *procès* du régicide Damiens, qui fut imprimé in-4°, sans qu'on ait redouté que l'atrocité des faits l'emportât dans l'opinion publique sur la rigueur de la peine.

En 1731, on a imprimé en deux volumes in-folio le *procès de la Cadière et du père Girard* (1). On y trouve les scènes les plus lubriques racontées avec une incroyable naïveté ; toute la fantasmagorie dont le bon père s'était entouré pour frapper l'imagination de sa pénitente ; les stations qu'il lui a fait faire en plusieurs couvens ; les interrogatoires, les dépositions des témoins, etc., etc. ; enfin, l'arrêt du Parlement du 10 octobre 1731, qui, malgré les faits reconnus constans, se borne à renvoyer le père Girard devant le juge ecclésiastique, et toutefois, pour l'honneur des jésuites, condamne la pauvre fille aux dépens, et ordonne qu'elle sera remise à sa mère pour en avoir soin.

Ces mêmes jésuites ayant, à la fin, mérité d'être chassés par arrêt du Parlement de Paris ; cet arrêt, en date

----

(1) Recueil général des Pièces concernant le Procès entre la demoiselle Cadière, de la ville de Toulon, et le père Girard, jésuite, recteur du séminaire royal de la marine de ladite ville. 2 vol. in-folio, 1731. Quelques exemplaires sont avec gravures. — Il y a à la bibliothèque des Avocats un très-bel exemplaire de ce procès qui a appartenu à la bibliothèque des Carmes.

du 6 août 1762, fut publié sous toutes les formes ; la spéculation s'en empara, et il fut réimprimé en placard dans un cartouche, dont les vignettes offrent la réunion de quatorze figures, qui représentent les principaux vices reprochés à ces messieurs; tels que l'arrogance, la trahison, la fourberie, la perfidie, l'ambition, la calomnie, l'homicide, l'hypocrisie, le larcin, avec guirlande de serpens entrelacés, etc., etc. On lit au bas que *le prix est de 16 sous*.

Certes, le droit général d'imprimer, de publier et de mettre en vente les arrêts des Cours, est bien établi par des exemples aussi saillans ; mais comme on opposerait peut-être que ces exemples sont en matière criminelle ordinaire, et non en matière de *délits de la presse*; il me reste à montrer que la même publicité avait également lieu pour les arrêts rendus contre les livres ou écrits réputés dangereux.

Les Réquisitoires des avocats-généraux contre les ouvrages qu'ils déféraient à la Cour, *contenaient toujours le texte des passages* qui leur paraissaient devoir en entraîner la suppression.

J'ai cité à l'audience les deux exemples suivans :

Il parut, en 1776, une brochure intitulée : *Des inconvéniens* (1) *des droits féodaux* ; on y remarquait, entre autres, cette assertion, que *le Roi peut affranchir les serfs, même sans le consentement des Seigneurs, dans leurs fiefs* ; et que, s'il en usait ainsi, *la Liberté adorerait son auteur, et l'indépendance serait l'hommage perpétuel et le premier titre de la vassalité.*—L'aristocratie n'avait garde de laisser impunie une telle insolence ! — Réquisitoire dans lequel ce passage est textuellement rapporté : et, le 23 février 1776, Arrêt du Parlement qui condamne l'écrit à être lacéré et brûlé au pied du grand escalier ( car alors on condamnait les écrits *à la peine capitale*). — Cet arrêt a été *imprimé, lu, publié et affiché,* avec le réquisitoire,

---

(1) Ce qu'il n'était pas permis impunément, en 1776, de signaler comme un *inconvénient,* fut supprimé, en 1789, comme une *usurpation,* un *abus....*

et dans le réquisitoire le passage qui avait motivé la condamnation.

Quelques années après, parut l'*Histoire philosophique* de Raynal. L'ouvrage était plus important, la matière plus étendue, les propositions plus hardies. On y disait notamment, que *la Philosophie commençait à éclairer le monde...* L'auteur avait ajouté : *L'imposture parle dans tous les Temples et la flatterie dans toutes les Cours. — Tout écrivain de génie est magistrat né dans sa patrie ; son tribunal, c'est la nation entière ; le public, son juge, non le ministre qui ne l'entend pas, ou le despote qui ne veut pas l'écouter ; c'est aux Sages de la terre qu'il appartient de faire des lois, et tous les peuples doivent s'empresser de les adopter.* — Réquisitoire dans lequel toutes ces propositions et plusieurs autres encore plus étranges sont relevées et combattues ; — 25 mai 1781, arrêt du Parlement qui condamne l'ouvrage entier à être *lacéré et brûlé par l'exécuteur de la haute-justice.* Cet arrêt a été également imprimé avec le réquisitoire, et tous les passages sur lesquels il était basé.

Ces exemples prouvent donc, non-seulement qu'en général on pouvait imprimer à volonté les procès et arrêts criminels ; mais ils prouvent en particulier qu'en matière d'écrits réputés dangereux et condamnés comme tels, il était permis d'imprimer les réquisitoires dans lesquels se trouvaient transcrits les passages incriminés.

Deux faits importans serviront encore à prouver jusqu'où allait le droit, ou, si l'on veut, la tolérance sur ce point.

Lorsque l'archevêque de Paris lança son mandement contre l'*Emile*, que le Parlement venait de condamner, il transcrivit plusieurs passages du livre qu'il attaquait : il eut même soin de choisir les plus énergiques. Le mandement fut publié dans toutes les églises ; il fut affiché sur tous les murs de la capitale ; cependant le Parlement ne songea pas à poursuivre l'archevêque ni l'imprimeur, comme ayant *réimprimé* des passages d'un livre condamné.

Les censures de la Sorbonne contenaient aussi les passages des écrits censurés. Elle désigna de cette manière et

condamna plusieurs passages de Buffon , dont les systèmes paraissaient
contrarier la doctrine de l'Ecriture
sainte sur le déluge universel. Buffon,
que ces censures n'arrêtèrent pas, con-
tinua l'impression de son ouvrage, et
fit insérer dans le tome IV de son *Histoire universelle* l'arrêt de la Sorbonne
avec les quatorze passages censurés ;
il y joignit même une réfutation. Et ce
qui est fort remarquable, cette édition sortit des presses de l'*Imprimerie
royale* ; or, pour publier les écrits par
cette voie, l'on sait qu'il fallait, non-
seulement le privilége ordinaire, mais
une permission spéciale.

Voilà ce qui se pratiquait librement
autrefois, et pourtant alors la procédure était secrète ; on n'accordait pas
de défenseurs aux accusés ; les Cours
pouvaient condamner sans autre expli-
cation, *pour les cas résultant du procès*;
on pouvait ordonner que les gens seraient *étranglés entre deux guichets* ;
il y avait torture, censure et Bastille !

Comment se ferait-il donc que ce
qui était permis sous un tel régime ,
fût défendu sous le régime actuel ?

En 1788, Louis XVI abolit la torture.

Turgot et Malesherbes laissent la presse libre.

Le 14 juillet 1789, la Bastille est détruite.

Le 3 novembre suivant , Louis XVI donne des lettres-patentes portant défenses de plus *jamais* employer la formule *pour les cas résultant du procès.*

La loi du 24 août 1790, veut que tout jugement contienne le *résultat des faits* reconnus et constatés par l'instruction , et les *motifs* qui auront déterminé la condamnation (1).

Une loi du 1er décembre de la même année, ordonne que tout arrêt de la Cour de cassation sera *imprimé.*

Des lois et réglemens postérieurs ont également prescrit l'*impression* et même l'*affiche* des arrêts en matière criminelle (2) ; si cette impression n'a

---

(1) *Adde* article 195 du Code d'instruction criminelle de 1810, pour les cas ordinaires ; et, pour les délits de la presse , l'art. 15 de la loi du 26 mai 1819.

(2) S'il était besoin d'apporter un exemple bien ancien de la publicité accordée de tout temps aux *arrêts* en matière criminelle , on le trouverait dans les quatre lettres initiales J. N. R. J. qui sont au-dessus de la croix de

*

lieu que *par extrait*, ce n'est point par prudence et dans la crainte d'en trop apprendre au public, mais uniquement par économie.

La procédure a cessé d'être secrète ; on a donné des défenseurs aux accusés, et nos diverses constitutions ont proclamé le principe que *les débats sont publics en matière criminelle.*

Sous ce nouvel ordre de choses, la publicité des arrêts et des procédures criminelles est donc devenue bien évidemment une publicité de droit, une publicité légale.

Pendant la Révolution, nulle entrave ne fut apportée à la publication intégrale des procédures criminelles. Les fureurs de la Convention n'empêchèrent pas de publier le procès de Louis XVI. Les susceptibilités du

---

N. S. Jésus-Christ, et qui ne sont que l'abrégé de l'injuste sentence portée contre lui par le proconsul romain : *Jesus Nazareth rex Judœorum :* « Jésus de Nazareth, condamné à mort, » comme criminel de lèze-majesté, pour s'être » intitulé roi des Juifs. » — Cet usage, de placer la sentence des condamnés, écrite en gros caractères, au-dessus de leur tête, s'est perpétué jusqu'à nous.

Consulat n'empêchèrent point la publication de l'éloquent plaidoyer de M\ Bellart pour mademoiselle de Cicé. L'Empire a laissé paraître le procès de Moreau, avec tous les débats, tous les plaidoyers, tous les interrogatoires, toutes les réponses même de l'illustre accusé, beaucoup plus dangereuses pour un gouvernement nouveau que ne sauraient l'être des couplets de chansons.

La Charte a conservé le principe que *les débats sont publics en matière criminelle* (1).

Cette publicité n'est pas établie pour quelques-uns, mais pour tous ; elle ne doit pas seulement avoir lieu au profit de ceux qui sont admis dans l'enceinte de l'audience, elle est instituée dans l'intérêt de la Société tout entière.

Et, en effet, depuis la Charte comme auparavant, on n'a pas cessé de rendre compte au public des débats en matière criminelle.

_____

(1) Lors même que, par exception à cette règle, les débats ont lieu *à huis clos* dans les cas où la loi le permet, *l'arrêt* doit toujours être prononcé *en audience publique*.

L'article 15 de la loi du 26 mai oblige à articuler les faits, et cette articulation consiste précisément à transcrire les passages incriminés dans les arrêts de renvoi. Ces arrêts sont lus à l'audience par le greffier, à haute voix, devant tout le public, à qui, par cette lecture, on en fait la tradition. L'article 26 de cette même loi veut que les arrêts de condamnation soient rendus publics par leur insertion dans le journal officiel. L'impression de ces arrêts est si peu regardée comme un délit, qu'elle peut être infligée à titre de peine, ainsi que l'affiche, suivant l'article 26.

Ainsi, rien n'est mieux établi, sous le droit actuel, que la publicité des arrêts criminels en général, et spécialement la publicité des arrêts dans les affaires pour délits de la presse.

Maintenant consultons l'usage, et il le faut bien, car l'usage est le meilleur interprète des lois (1), surtout en ma-

---

(1) Optima est legum interpres consuetudo. *L. 37, ff. de legibus.* — L'erreur même, quand elle est généralement répandue, constitue une sorte de droit. *Error communis facit jus.*

tière criminelle , puisqu'il établit dans les esprits l'opinion que la loi permet sans doute ce que l'autorité laisse impunément pratiquer.

Or, il n'est pas un des nombreux procès suscités depuis quelques années, crimes ordinaires, accusations politiques, délits de la presse, dont les journaux n'aient rendu un compte détaillé. Listes de jurés, actes d'accusation, interrogatoires, dépositions de témoins, réquisitoires, plaidoyers des avocats, résumés des présidens, *Arréts*, tout a été imprimé avec plus ou moins de liberté sans doute, selon que la censure existait ou n'existait pas ; mais enfin, si cette détestable institution a quelquefois exercé sa partialité sur la défense des accusés, au moins il est constant qu'elle a toujours laissé un libre champ au compte rendu des accusations et des condamnations.

Une seule fois cette censure agonisante a cru devoir porter une main criminelle sur un arrêt de la Cour ;

---

*L.* 3, § 5, *ff. de supellect. leg.* Recti apud nos tenet error ubi publicus factus est. *Senec.* Epist. 123.

elle en a retranché le considérant qui blessait un de ses membres...(1) ; mais cet attentat, jusqu'alors inouï, a excité une indignation générale ; elle n'eût pas osé le renouveler.

Indépendamment du compte rendu des procès criminels par les journaux censurés ou non censurés, n'avons-nous pas vu constamment tous les *procès célèbres* publiés séparément en corps d'ouvrage ?

Dans le premier procès jugé par la Cour des Pairs (2 vol. in-8), Evariste Dumoulin a poussé l'exactitude du récit jusqu'à donner le vote individuel de chacun des Pairs qui avaient concouru au jugement.

On a publié le procès de La Bédoyère, celui de Linois et Boyer, ceux de Drouot et de Cambrone, celui du duc de Rovigo.

Veut-on des exemples dans les accusations pour délits de la presse ? — *La Bibliothèque historique* a publié le récit des condamnations dont elle s'est vue l'objet. — *Le Censeur* est de-

––––––––––––

(1) Voyez mes *Observations sur la législation criminelle*, page 108.

venu son propre historien.—Le célèbre auteur de Sylla, s'est vengé de l'injustice de la censure, en faisant imprimer le *procès de l'Hermite en province*, avec une préface où il dévoue les censeurs au mépris des âges futurs. — M. l'archevêque de Malines a usé du même droit avec non moins d'énergie. — M. Fiévée, ayant remarqué que sa condamnation ne signalait que par des chiffres les pages de son livre où se trouvaient les passages incriminés, a cru devoir, *pour la commodité des lecteurs*, en leur faisant l'histoire de son procès, transcrire littéralement, à la suite, les divers passages qui avaient motivé sa condamnation, et dont ses juges avaient ordonné la suppression.

Dans ces derniers temps, la *Souscription nationale* a donné lieu à un procès, dans lequel les auteurs de la Souscription ont été renvoyés absous, et les journalistes qui l'avaient annoncée ont été condamnés. Eh bien! on a imprimé ce procès, et en tête se trouvent tous les articles des journaux que l'arrêt a condamnés.

Ainsi, tout dépose en fait, du droit dont on a constamment joui, ancien-

nement, pendant la révolution, et depuis la Charte, de rendre compte des
procès criminels, et de publier les
procédures et les arrêts.

Non–seulement cette publicité est
permise, j'ajoute qu'elle est désirable,
car elle est utile ; et pour le prouver,
je puis invoquer le suffrage de l'éloquent ministre auquel la France est redevable des lois de 1819 sur la presse.
—M. Syrieys de Marinhac avait proposé
à la Chambre des députés un amen-
dement tendant à empêcher qu'on ne
publiât les phrases qui auraient motivé le rappel à l'ordre et la déportation
d'un député sur son banc : il y voyait
je ne sais quel danger. M. de Serres
s'éleva contre cette proposition. « L'a-
» mendement, disait-il, dans une dis-
» cussion publique, rendrait une par-
» tie de la discussion secrète. Ce serait
» une chose *contraire à ce qui se passe*
» ailleurs. Quelqu'atroce que soit un
» fait, quelqu'infâme que soit un li-
» belle, *on permet* aux journaux, en
» rendant compte des arrêts des tri-
» bunaux, de citer les passages incri-
» minés. Cela est même *dans l'intérêt*
» *de la morale publique.* » — Voilà ce

qu'a dit en propres termes , à la séance
du 16 avril 1821 , M. de Serres , alors
garde-des-sceaux, chef de la justice!

Et il a eu raison de s'exprimer ainsi.
Oui, sans doute, une telle publicité
est *dans l'intérêt de la morale publique;*
car la justice, en matière criminelle,
n'agit que pour l'exemple et par l'exemple; elle ne punit les criminels que
pour effrayer ceux qui seraient tentés
de les imiter! Et quoi de plus propre
à les en détourner, que la publicité
des condamnations accompagnée de
toutes les circonstances qui peuvent
en justifier la sévérité?

La seule condition exigée de ceux
qui se constituent les historiens de ces
sortes de drames, c'est la fidélité. La
fidélité au second degré, si je puis m'exprimer ainsi, consiste à donner une analyse exacte des faits. Mais il y a fidélité
au suprême degré , quand on donne
*les pièces mêmes du procès.*

Or, parmi les pièces, celles qui méritent le plus de confiance et de respect, ce sont sans contredit les arrêts,
puisqu'ils sont l'œuvre de la justice elle-
même. Qu'il s'agisse d'un arrêt définitif ou d'un arrêt de renvoi, son carac-

tère est également respectable. Disons mieux, en matière de délits de la presse, l'arrêt de renvoi est la pièce fondamentale du procès.

En effet, c'est dans cet arrêt qu'on trouve les *faits articulés et précisés.* Dans les délits de la presse, l'arrêt de renvoi tient lieu d'*acte d'accusation ;* il remplace les réquisitoires des avocats généraux qui, autrefois, contenaient tous *les passages argués*, et qui faisaient corps avec l'arrêt définitif, dont ils constituaient inséparablement le préambule.

La loi actuelle n'a vu aucun danger dans la publicité des arrêts de renvoi, puisqu'après avoir exigé qu'ils continssent ces passages, c'est elle encore qui prescrit d'en donner lecture en pleine audience ; or, puisque le greffier lit l'*arrêt tel qu'il est écrit*, pourquoi serait-il interdit de le publier *tel qu'il a été lu ?*

D'ailleurs c'est faire injure aux magistrats, que de supposer qu'un arrêt qui est leur ouvrage puisse offrir aucun danger. Vainement voudrait-on établir une différence entre les diverses espèces d'accusations ; cette distinction n'est pas dans la loi : elle autorise indéfiniment la publicité en matière criminelle. Et puis, en toute espèce d'accusation, ne faut-il pas, pour l'honneur des lois et de la justice, supposer que la partie de l'arrêt qui condamne agira plus efficacement sur l'esprit des citoyens, que la partie où l'on expose le fait punissable? Ne serait-il donc pas insultant de penser que le corps du délit sera plus puissant que la peine? Malheur aux arrêts qu'on jugerait ne pouvoir supporter cette concurrence, et pour lesquels on redouterait, pour cette raison, la publicité!

La déclaration du Jury, que les accusés n'étaient pas coupables, a consacré de nouveau les principes que je viens d'exposer.

FIN.

# TABLE

# DES SECTIONS

## Comprises dans ce Volume.

FIN DE LA TABLE.

www.ingramcontent.com/pod-product-compliance
Ingram Content Group UK Ltd.
Pitfield, Milton Keynes, MK11 3LW, UK
UKHW021641170726
13836UKWH00005B/2315